体育艺术鉴赏

刘亚荣 著

河北科学技术出版社
·石家庄·

图书在版编目（CIP）数据

体育艺术鉴赏/刘亚荣著. -- 石家庄：河北科学技术出版社，2024.2

ISBN 978-7-5717-1881-7

Ⅰ.①体… Ⅱ.①刘… Ⅲ.①体育—艺术—研究 Ⅳ.①G807

中国国家版本馆CIP数据核字(2024)第039178号

体育艺术鉴赏
TIYU YISHU JIANSHANG

刘亚荣　著

责任编辑：	张　健
责任校对：	胡占杰
美术编辑：	张　帆
封面设计：	皓　月
出　　版：	河北科学技术出版社
地　　址：	石家庄友谊北大街330号（邮政编码：050061）
印　　刷：	三河市嵩川印刷有限公司
经　　销：	新华书店
开　　本：	710mm×1000mm　1/16
印　　张：	9.75
字　　数：	160千字
版　　次：	2024年2月第1版　2024年2月第1次印刷
书　　号：	978-7-5717-1881-7
定　　价：	68.00元

前 言

体育艺术是一个引人入胜且多层次的领域,是体育与艺术两个领域的交叉与融合。它既承载着体育运动的独特美感,又凝聚了艺术表现的深邃内涵,为观众带来了独特的审美体验。

随着现代社会呈现多元化发展趋势,体育和艺术在各自的发展过程中也不断交叉和融合,各类运动项目包含了非常丰富的舞蹈艺术和音乐的元素,有着非常高的艺术性、观赏性、竞技性。体育艺术这门课程也因此应运而生,国内各高校体育艺术系的先后成立也为体育艺术理论的研究提供了沃土,面对新形势、新挑战,全面培养和提高大学生综合素质是各高校面临的重要课题。体育艺术鉴赏课程对于培养大学生良好的综合素质具有重要的意义。为满足这一要求,作者撰写了此书。

本书从体育艺术的概念与内涵、起源与发展、与文化的关系等方面入手,逐步展示体育艺术的分类、特征与功能,探索体育艺术与奥林匹克运动的紧密联系,并深入探讨体育艺术的创作与鉴赏。全书分为五章。第一章首先对体育艺术进行概述,从整体上把握体育艺术的范畴与内涵。其中,第一节探讨了体育艺术的概念与内涵,明确体育艺术作为一个综合性学科的基本特征和意义。第二节追溯了体育艺术的起源与发展,从历史的角度剖析体育艺术的演变与传承。第三节探讨体育艺术与文化之间的紧密关系,揭示体育艺术在文化传统和价值观念中的地位与作用。第二章对体育艺术进行分类,以便更好地理解不同类型体育艺术的特点与艺术风格。第一节论述了体育艺术分类的依据,探讨各种分类方法所包含的项目。第二节详细论述了体育艺术的类别与艺术特征。第三章探讨了体育艺术的特征与功能,深入剖析体育艺术作品的独特之处及其在社会、文化和教育领域中的重要作用。第一节详细分析体育艺术的特征。第二节探讨体育艺术的功能,包括娱乐、教育、文化交流等多层面的作用。第四章聚焦于体育艺术与奥林匹克运动之间的关系。第一节探讨了奥林匹克运动中的美术、音乐艺术,揭示奥林匹克运动在艺术领域的广泛影响和推动力。第二节分析了奥林匹克运动中的影视、建筑艺术，探讨奥林匹克运动如何通过影像与空间呈现体育艺术的魅力。第五章深入探讨了体育艺术的创作与鉴赏。第一节研究了体育作为艺术素材的体育艺术创作，探讨体育运动如何成为艺术创作的灵感与对象。第二节探索了艺术作为体育元素的体育艺术创作，揭示艺术如何融入体育活动并提升其审美价值。第三节分析了体育艺术作品的内容、层次及鉴赏方法，引导读者更好地欣赏和理解体育艺术作品。第四节探讨了体育艺术作品的意境与风格，揭示作品蕴含的深刻思想和艺术风格的多样性。

  本书将系统、全面地探讨体育艺术的方方面面，希望能够为读者提供深入了解体育艺术的机会与视角。同时，本书将汇集来自不同学科领域的研究成果和学者们的智慧，力求为体育艺术研究和实践领域提供一本重要的学术著作。本书在撰写过程中也得到了许多专家学者、同行及亲朋好友的热情帮助与支持，在此向他们表示衷心的感谢，正是他们的付出与支持使得本书得以完成。然而，笔者深知本书在研究深度和广度上还存在许多不足之处，希望广大读者能够给予宝贵的意见和建议，笔者将虚心接受并努力改进。希望本书能够为广大读者带来新的思考和启发，为体育艺术的发展与推广做出积极的贡献。

作　者

2023年12月

目 录

第一章　体育艺术概述 …………………………………………… 001
第一节　体育艺术的概念与内涵 ………………………………… 001
第二节　体育艺术的起源与发展 ………………………………… 007
第三节　体育艺术与文化 ………………………………………… 011

第二章　体育艺术的分类 ………………………………………… 018
第一节　体育艺术分类的依据 …………………………………… 018
第二节　体育艺术的类别与艺术特征 …………………………… 026

第三章　体育艺术的特征与功能 ………………………………… 048
第一节　体育艺术的特征 ………………………………………… 048
第二节　体育艺术的功能 ………………………………………… 063

第四章　体育艺术与奥林匹克运动 ……………………………… 074
第一节　奥林匹克运动中的美术、音乐艺术 …………………… 074
第二节　奥林匹克运动中的影视、建筑艺术 …………………… 087

第五章　体育艺术创作及鉴赏 …………………………………… 097
第一节　体育作为艺术素材的体育艺术创作 …………………… 097
第二节　艺术作为体育元素的体育艺术创作 …………………… 109
第三节　体育艺术作品的意境与风格 …………………………… 122
第四节　体育艺术作品内容、层次及鉴赏 ……………………… 129

后记 ………………………………………………………………… 145

参考文献 …………………………………………………………… 146

第一章 体育艺术概述

体育艺术是一门综合性学科，随着现代社会的多元化发展趋势，体育和艺术在各自的发展过程中不断交叉和融合。体育艺术不仅包含了运动项目的技巧与竞技性，还融入了舞蹈艺术和音乐元素，具有高度的艺术性和观赏性。通过体育艺术的学习与实践，人们可以在体育运动中体验到艺术的美感与情感的表达，进一步丰富了体育活动的内涵。在本章中，我们将对体育艺术进行全面的概述，包括体育艺术的概念与内涵、起源与发展以及与文化的关系。通过深入了解体育艺术的基本特点和重要性，能够为后续章节的研究奠定坚实的基础。体育艺术既具有实践性和观赏性，又融合了文化的元素，它不仅可以丰富人们的精神文化生活，也能够培养人们的审美情趣和艺术鉴赏能力。因此，深入研究和理解体育艺术对于推动体育与艺术的交流和发展具有重要的意义。

第一节 体育艺术的概念与内涵

一、体育艺术的概念

（一）体育艺术概念的定义

1. 广义的体育艺术概念的定义

在社会文化中，体育艺术在广义上是一种以体育为中心、以艺术为媒介的表达形式。20世纪初，体育在广义上被定义为一种竞技活动，而艺术则被定义为一种审美表达的手段。但随着时间的推移，这两个领域开始交叉，产生出一种新的艺术形式——体育艺术。

在历史的长河中，体育和艺术的界限往往是模糊的。例如，古希腊的奥林匹克运动会，就将体育与诗歌、音乐、雕塑和建筑艺术结合在一起。体育被视为人的全面发展的一部分，体育比赛本身就是一种艺术表演。例如，体操和芭蕾舞是体育与艺术结合的完美例证。这些活动要求运动员既具有良好的体能，又要有优秀的艺术表现力。

体育和艺术的界限也可以从另一个角度来理解。体育场馆和设施本身就是艺术的载体。体育建筑不仅要满足体育比赛和训练的功能需求，还要考虑审美和文化因素。例如，体育场馆的设计和建设、体育比赛的视觉设计甚至体育服装和运动员的形象设计，都是体育艺术的表现形式。

从另一角度看，体育也可以看作一种表现人的精神和情感的艺术形式。运动员通过他们在场上的表现，传达了他们的激情、决心和毅力。这种情感的传递，是体育的艺术表达。

在更广义的角度看，体育艺术不仅包括体育活动本身的艺术表达，还包括体育文化在其他艺术形式中的表现。例如，电影、电视、音乐、舞蹈、绘画、雕塑、摄影等艺术形式中，都有体育题材的作品。这些作品描绘了体育的激情和戏剧性，也反映了体育在社会文化中的地位。

总的来说，广义的体育艺术是一种跨界的艺术形式，它将体育和艺术的元素结合在一起，创造出独特的艺术表达。这种艺术形式不仅体现了人类对美的追求，也体现了人类对生活的热爱和对挑战的勇气。这种艺术形式在我们的社会文化中发挥了重要的作用，它赋予体育以更深层次的意义，使体育活动不仅是一种竞技，更是一种艺术的表现。

2. 狭义的体育艺术概念的定义

狭义的体育艺术，是一种高度融合了审美和艺术元素的体育活动。它不仅仅是体育，更多的是体现了体育的艺术性和审美性。基于这个观点，我们可以对狭义的体育艺术的定义做出一次深入的探讨。

首先，要理解狭义的体育艺术，我们需要回溯到艺术的根源。在西方文化中，"Art"这个词源于拉丁语"Ars"，并可以进一步追溯到希腊语"Techne"。这两个词的原始含义并不完全等同于现代对艺术的理解，它们更接近于"Technique"（技术、技艺、技巧）或"Artfulness"（狡诈、狡猾）。在这个语境下，"Art"或"Ars"的核心含义是技巧、技艺、工艺和技术，甚至包括奸计和诡计。任何能产生值得称道、体现出独创性的人类实践活动，都可以被称为"艺术"。因此，我们可以看到，这与体育艺术的某些方面有很大的相似性。

第一，体育艺术的出现是艺术的审美本质渗入体育的结果。体育，尽管并非以审美为本质特性，但审美原理已在体育领域中被广泛应用。随着电视、计算机等多媒体的出现，体育比赛吸引了越来越多的观众。为了增加体育赛事的观赏性，审美元素被广泛引入，例如在健美操中，动作美、体形美、音乐美、服饰美以及精神美都被认为是必不可少的元素。

第二，舞蹈、音乐、雕塑、美术等艺术形式已被广泛地融入现代体育运动。科技的进步和生活水平的提高使人们有更多的空闲时间参与体育、娱乐、休闲活动，以应对现代生活中的压力和健康问题。因此，一些新兴的体育项目结合了大量的艺术元素，既能锻炼身体，又满足了人们的审美需求，如健美操、花样滑冰、艺术体操等。

总的来说，狭义的体育艺术是一种以审美规范化的有组织、有节奏的身体练习为基本手段，体现人的身体运动能力，促进人的全面发展，并融入了较强的审美元素和艺术元素的社会体育文化活动。它是体育和艺术的融合，是体育表演艺术的体现。狭义的体育艺术概念包含了以下三个层面的含义：

第一，它首先是一种社会体育文化活动，是体育的重要组成部分，具有体育的本质属性和功能，包括健身性、教育性、文化性、竞技性、技能性、娱乐性和社会性。

第二，它是一种以审美规范化的有组织、有节奏的身体练习为基本手段的社会体育文化活动。这种活动是有组织的，不是盲目的、随意的身体练习。它的动作、组织形式等是经过审美选择和规划的，旨在锻炼身体、塑造体形、培养审美能力并满足审美需求。

第三，它是一种融入了较强审美元素和艺术元素的社会体育活动。在比赛中，它既体现了体育竞赛的精神，也体现出了艺术的审美感受。它的运动动作并非直接来自生活中的实用动作，而是经过审美处理和选择的，从而更好地满足人们的审美需求。例如，健美操中的跑步动作，并非直接选自100米短跑或长跑，而是经过审美处理的吸腿跳、后踢腿跳等动作。此外，现代体育运动中还融入了许多艺术元素，如音乐、舞蹈、雕塑、绘画等。

通过以上的探讨，我们可以得出，狭义的体育艺术，是一种将体育和艺术融合的社会体育文化活动，它通过审美规范化的有组织、有节奏的身体练习，以体现人的身体运动能力，促进人的全面发展，并融入了较强的审美元素和艺术元素。这样的体育艺术，既体现了体育的精神，又兼具艺术的审美感受，从而更好地满足了人们对于健身和审美的双重需求。

（二）体育艺术概念提出的意义与作用

体育艺术概念的提出，不仅是对传统体育领域的一种拓宽和深化，而且是对艺术领域的一种丰富和扩大。这个概念在理论上和实际应用上都有着巨大的意义和作用。

1. 从理论上来看

从理论上来看，体育艺术概念的提出，揭示了体育和艺术之间的内在联系和融合可能性，提升了我们对体育和艺术的理解和认识。体育不再仅仅是一种肌肉的运动、一种功能性和竞技性的活动，它可以被赋予美学价值和艺术意义。相反，艺术也不再只是一种静态的、单一的审美表现形式，它可以融合动态的、多元的体育元素，增强自身的生动性和多样性。这种理论的创新，为我们理解和评价体育和艺术活动提供了新的视角和工具。

2. 从实际应用上来看

从实际应用上来看，体育艺术概念的提出，为艺术家们提供了新的创作素材和表现方式。在过去，艺术创作往往局限在传统的艺术领域，比如绘画、雕塑、音乐、舞蹈等，而体育元素和体育精神的加入，无疑为艺术创作注入了新的活力和灵感。艺术家们可以通过体育艺术的方式，来揭示人性的力量和尊严，表达生活的激情和热爱，提高艺术作品的感染力和影响力。

3. 从具体的应用场景中看

从具体的应用场景中，体育艺术概念的提出，有助于推动体育艺术文化的传播和推广。无论是体育摄影、体育美术还是体育雕塑，都可以通过展览、演出等形式，让更多的人了解和欣赏体育艺术，提高体育艺术的社会认知度和接受度。这对于增进公众对体育艺术的理解、提高体育艺术的社会地位以及激发公众的体育热情，都有着积极的推动作用。

4. 从学科建设和发展看

体育艺术概念的提出，也有利于引导体育艺术专业的学科建设和发展。它为体育教育和训练提供了新的方向和目标，体育工作者可以在教学和训练过程中融入艺术元素，增强体育活动的艺术性和观赏性，从而吸引更多的人参与到体育活动中来。同时，体育科研工作者也可以从体育艺术的角度出发，开展新的科研活动，探索和解决新的科研问题，推动体育科学的进步和发展。

总的来说，体育艺术概念的提出，不仅能够推动体育和艺术的交融和发展，提升体育和艺术的社会地位和价值，而且还能够推动体育科学和艺术科学的研究，丰富体育文化和艺术文化的内涵，为我们的社会生活带来更多的美感和快乐。

二、体育艺术的内涵

在深入探讨体育艺术的内涵之前，我们首先要理解什么是内涵。从哲学的角度，内涵是对概念的本质属性的反映。它涵盖了事物的主要特征和质量，为我们提供了理解和解释事物的基础。那么，当我们说到体育艺术的内涵，我们就是在谈论体育艺术的本质特征，以及它在社会和文化环境中的意义和作用。

（一）从艺术学的角度来看

从艺术学的角度来看，体育艺术的内涵涉及它的社会性、形象性、情感性和审美性。

社会性是体育艺术的重要属性。体育艺术并非孤立存在，它深深地植根于特定的社会环境和文化背景中。体育艺术活动不仅反映了社会的价值观、信仰和规范，而且反映了人们的生活方式、习俗和传统。因此，体育艺术可以被视为社会生活的一种独特的表现形式，是我们理解和认识社会的重要窗口。

形象性是体育艺术的另一个关键特性。无论是艺术体操、舞蹈体育，还是体育摄影、体育雕塑，都以形象为载体，通过视觉或肢体语言，传达信息和情感。这些形象既可以是具象的，也可以是抽象的，既可以是静态的，也可以是动态的。它们在视觉上的吸引力，以及它们所传达的信息和情感，都给人们带来强烈的艺术享受。

情感性和审美性则是体育艺术的内在需求。体育艺术活动不仅需要表现出优美的形象，更需要表达出深层的情感。无论是运动员的力量与韧性，还是比赛的紧张与激烈，都可以转化为强烈的情感体验，让观众感同身受。同时，体育艺术的表现形式也需要符合人们的审美需求，创造出优美、和谐、生动的视觉效果，满足人们的美学享受。

(二）从体育学的角度来看

从体育学的角度来看，体育艺术的内涵又涉及它的审美性、健身性、教育性、竞技性。

审美性我们在前文已经探讨，这里不再赘述。健身性是体育艺术的另一大特性。无论是参与还是观看体育艺术活动，都可以通过锻炼身体、放松精神提高健康水平。体育艺术以其优美的形象和深层的情感表达，可以提高人们参与体育活动的积极性和主动性，从而达到健身的目的。

教育性是体育艺术的重要功能。体育艺术不仅可以教授人们具体的体育技能，而且还可以传授人们艺术理念和美学价值。通过参与体育艺术活动，人们可以学习到团队协作、公平竞争、尊重对手等重要的社会价值观，可以提高自我认识、自我控制和自我提升的能力。

竞技性是体育艺术的一种独特表现。体育艺术活动中的竞技元素，不仅增加了活动的激情和紧张感，而且激发了人们的斗志和团队精神。竞技也是体育艺术活动的一种创新驱动力，促使运动员和艺术家寻求新的技巧、新的创作方法，推动体育艺术的发展和进步。

综上所述，体育艺术的内涵是多元化的，包含了社会性、形象性、情感性、审美性、健身性、教育性和竞技性等多个方面。这些特性的融合和互动，构成了体育艺术的独特魅力，使其成了一个既有体育特性又有艺术特性的独特领域。

（三）从广义的角度来看

在更广义的定义下，体育艺术可以分为两大部分：一是以体育为艺术素材的体育艺术，包括艺术体操、舞蹈体育、体育摄影、体育雕塑等；二是以艺术为体育元素的体育艺术，这主要指的是那些注重审美表现的体育表演，如冰上芭蕾、同步游泳等。

体育艺术的外延则涉及所有具有体育艺术本质属性的对象，包括所有以体育为艺术素材的艺术现象和艺术活动，以及所有以艺术为体育元素的体育活动。无论是古代的奥林匹克运动会，还是现代的街头篮球比赛，都可以视为体育艺术的一部分。

因此，从概念的内涵和外延来看，体育艺术是一个既包容又复杂的领域，涵盖了体育和艺术的各个方面，融合了众多的社会、文化、心理、身体等要素。体育艺术的内涵和外延，构成了其独特的身份和地位，展现了其丰富的文化内涵和社会价值。

第二节　体育艺术的起源与发展

体育艺术的发展，其实是在体育与艺术之间的交织和相互影响中逐渐展开的过程。这种发展既包括了体育向艺术借鉴，又包括了艺术向体育学习。

一、体育艺术的起源

体育艺术的起源，从根本上说，可以追溯到人类文明的发源。人类早期的活动，如打猎、跑步、游泳，这些为生存而进行的活动，其实都可以看作体育艺术的基石。因为这些活动都涉及身体的动作和技巧，需要一定的力量、速度、耐力和协调性，这些都是体育艺术所具备的基本元素。

在早期的人类社会中，这些体育活动是以祭祀、战斗训练或者庆祝活动的形式进行的。在这些活动中，人们会比赛谁跑得更快、谁能跳得更高、谁的力量更大等等。这些比赛不仅考验了参与者的身体素质和技巧，也增强了社区的凝聚力和团队精神。这些比赛的胜者往往会被人们尊重和崇拜，而他们的身体技巧和力量也会被其他人模仿和学习，从而推动了体育艺术的发展。

古代希腊是体育艺术的重要发源地。希腊人非常重视体育，他们相信"健全的精神寓于健全的身体"。他们创办了奥林匹克运动会，这是世界上最早的体育竞赛。在奥运会上，各种体育项目都展现了人们对于力量、速度、耐力、技巧、协调性的追求，体现了人类身体的极限和美感。在这些比赛中，运动员的表现和运动技巧也被提升到了艺术的高度。

古代中国也有丰富的体育艺术传统，如射箭、武术、球类运动等。尤其是武术，是体育与艺术结合的最好例子。武术不仅包括身体的力量、速度、耐力、技巧和协调性，还包括精神的修养、意识的调节、呼吸的控制等，体现了人体的综合素质和能力。武术中的各种套路和动作，其形式美、动态美、节奏美、音韵美等都被提升到了艺术的高度。

随着文明的发展，体育艺术也不断发展和丰富。比如在中世纪的欧洲，骑士的比赛如马术、击剑等也被看作体育艺术的一种。总的来说，体育艺术的起源是与人类文明密切相关的，它是人类对于力量、速度、耐力、技巧、协调性的追求，是对身体和精神的塑造和提升，是对生活和自然的理解和欣赏，也是对人性的挑战和超越。在这个过程中，体育艺术既是一种竞技活动，也是一种艺术表现，它是人类文化的重要组成部分，是人类精神的重要体现。

二、体育艺术的发展概况

近现代，体育的发展进入了一个全新的阶段，呈现出多元化和多层次的特点。在这个阶段，体育竞技活动变得更加规范化和科学化，同时一些体育项目开始强调审美感，通过精湛的技巧和优美的身姿给观众带来视觉享受。这种体育与艺术结合的趋势，在不同领域产生了深远的影响，逐渐形成了体育艺术。

首先，大型体育赛事如奥林匹克运动会、世界杯足球赛等成为全球关注的焦点。这些赛事规模庞大，赛事组织和管理变得更加规范化和科学化。赛事规则严谨，竞赛环节规范，确保公正和公平的竞技环境。此外，体育赛事的电视转播和媒体报道也变得更加专业和精良，通过高清摄像技术和特效处理，将体育竞技的瞬间展现给观众，让他们感受到比赛的紧张和激情。

其次，一些体育项目开始将艺术元素融入其中，注重展现运动员的审美表现。例如，花样滑冰是一项充满艺术魅力的体育项目。选手在冰上表演优雅的舞蹈动作，结合音乐和灯光效果，展现出独特的艺术风格。观众可以欣赏到运动员精确而流畅的动作，感受到他们舞台上的独特魅力。类似的还有体操和跳水等项目，运动员通过高难度的动作和优美的身姿，展示出艺术感和身体的极限控制力，给观众带来震撼和惊艳。

再次，体育艺术的发展还促进了相关产业的繁荣。在体育装备领域，为了提高运动员的表现和安全性能，不断推陈出新的技术和材料被应用于装备设计中。例如，跑鞋的材料和结构不断创新，以提供更好的支撑和减震效果；冰上滑行装备也不断改进，以提供更好的灵活性和控制力。同时，体育艺术的发展也为服装、音乐、灯光等相关行业带来了新的商机。赛事表演的舞台设计、音乐编排、灯光效果等方面的需求增加，吸引了更多的创意人才和技术团队的参与。

此外，体育艺术的发展还深刻影响了教育领域。学校和培训机构纷纷将体育与艺术相结合，开设了更多的体育艺术课程。通过学习和参与体育艺术，学生不仅能够培养身体素质和运动技能，还能够发展审美能力、提高表演能力和创造力。这种综合性的培养有助于学生全面发展，培养他们的团队合作精神和领导才能。

在21世纪，体育艺术的发展在科技进步的推动下呈现出全新的面貌。数字化技术和虚拟现实技术为体育艺术提供了前所未有的表现方式，引领着体育艺术的创新与发展。通过数字技术，我们可以以更加细致和深入的方式观赏和分析体育活动。例如，运动捕捉技术的应用使我们能够详细分析运动员的动作，深入理解他们如何将力量、速度、灵活性和精准度完美融合，达到最佳的表现水平。这种技术的运用不仅可以提供专业的训练和表现分析，还可以应用于电影和游戏制作，为观众带来更加真实和生动的体育场景。

与此同时，虚拟现实技术的发展为我们提供了身临其境的体育体验。通过虚拟现实技术，我们可以穿戴头盔或眼镜进入虚拟的体育世界，亲身感受运动员的激情和挑战。无论是站在足球场上与顶级球星一同比赛，还是在滑雪场上体验速度和刺激，虚拟现实技术都让我们更加深入地理解和体验体育艺术的魅力。通过虚拟现实技术，观众可以与体育艺术互动，切身感受运动员们的付出和训练的艰辛，进一步提升了观众与体育艺术之间的情感连接。

除了科技的进步，社会文化也对体育艺术的发展产生了重要的影响。在全球化的背景下，各种不同的体育文化得以交流和融合，为体育艺术的发展注入了新的活力。例如，街头篮球和极限运动在全球范围内流行起来，这些活动不仅展现了体育的竞技性，也充分体现了艺术的创新性和自由性。街头篮球以其独特的风格、技巧和艺术表演吸引了大量的观众和参与者，极限运动通过大胆的动作和惊险的场景给人们带来了视觉上的震撼和刺激。这些新兴的体育文化形式在推动体育艺术的发展过程中起到了重要的作用。

在体育艺术的发展中，无论是受到科技的影响还是社会文化的推动，其核心始终是对美的追求和对人类身体能力的赞美。体育艺术所展现的精湛技巧、优美姿态和卓越表现，不仅体现了人类对自身潜能的不断挖掘和超越，也向世界传递了对美的追求和敬意。体育艺术的发展不仅丰富了人们的生活，也推动着我们对人类自身的认识和理解。通过体育艺术，我们更深刻地认识到人类身体的无限潜能和创造力，进一步激发了我们对美好生活和健康发展的追求。因此，在21世纪，体育艺术将继续以科技与文化的推动下不断创新，为人们带来更加精彩、丰富和激动人心的体验。

三、体育艺术的发展趋势

21世纪的体育艺术正处于一个令人兴奋且充满活力的时代。在科技的飞速发展和社会的不断变迁下，体育艺术正朝着更加多元化、更注重创新性和参与性的方向发展。未来，我们可以预见到一系列发展趋势将引领体育艺术走向新的辉煌。

首先，科技将继续在体育艺术中发挥重要作用。随着人工智能、大数据和物联网技术的不断成熟，体育艺术将迎来更加智能化和互联化的发展。例如，通过运动追踪和生物传感技术，观众可以实时获取运动员的身体数据和表现指标，进一步了解他们的状态和技巧。同时，增强现实和虚拟现实技术将进一步深化观众与体育艺术的互动体验，使他们能够身临其境地参与到体育比赛和演出中。这种科技的应用不仅会提升观众的参与感和沉浸感，也会为体育艺术创造更加丰富、多样化的表现形式。

其次，体育艺术将更加强调个性化和创新性。随着全球化和数字化的快速发展，人们对于独特的艺术体验和表达方式的需求日益增长。体育艺术将进一步拓宽表现形式，将不同艺术元素融入体育领域，打破传统的创作限制。运动员和艺术家将通过创新的手法和风格，展示个性化的表达和艺术视角。例如，舞蹈、音乐、视觉效果等元素可以与体育动作相结合，创造出更加富有创意和独特性的体育艺术作品。这种个性化和创新性的发展将为观众带来全新的艺术体验，激发他们对体育艺术的兴趣和热情。

此外，社会的多元化和包容性将成为体育艺术发展的重要动力。在21世纪的今天，我们更加关注社会多样性和平等性。体育艺术将更加重视反映不同文化、背景和身份的多元艺术表达。例如，传统的民族舞蹈、原生艺术形式和当代的流行文化将与体育相融合，呈现出丰富多样的体育艺术风貌。同时，体育艺术将努力打破性别和身体差异的限制，为所有人提供平等的参与机会和表达空间。这种包容性的发展将促进社会的共融和团结，使体育艺术成为促进文化交流和互相理解的重要桥梁。

在体育艺术的未来发展中，我们也应关注可持续发展的重要性。随着环境问题和可持续发展理念的日益引起人们的关注，体育艺术将更加注重环保和可持续性。例如，运动场馆的设计和建设将注重能源的节约和环境的保护，减少对自然资源的消耗。艺术创作和演出将秉持可持续的理念，关注社会责任和环境保护的价值。通过体育艺术的力量，我们可以传递可持续发展的理念，鼓励人们积极参与环保行动，推动社会的可持续转型。

综上所述，21世纪的体育艺术将在科技、个性化、多元化和可持续性等方面迎来更加广阔的发展前景。通过创新的技术应用、个性化的表达方式、多元文化的融合以及环保理念的倡导，体育艺术将为观众带来更加丰富、刺激和有意义的艺术体验。它将成为促进文化交流和推动社会进步的重要力量。随着时间的推移，我们有理由相信体育艺术将继续为我们带来无限的惊喜和启迪，不断拓展我们对体育和艺术的认识和理解。

第三节　体育艺术与文化

一、体育艺术与文化的演变

体育艺术与文化之间的关系不仅仅体现在两者的起源上，更重要的是，两者在历史发展过程中有着相互影响和渗透的关系。体育艺术是人类对力量、智慧、健美的一种体现，文化则是人类对生活、思想、情感的一种认识。它们的融合构成了人类的生活方式、社会形态和文化内涵。

在远古时代，体育艺术和文化并未区分开来，它们被视为社区生活的一部分。人们通过打猎、游戏等活动，进行身体训练和技巧提升，同时也在这些活动中表达自己的情感和观念，展现个体和群体的特性。这些体育艺术活动，如舞蹈、歌唱、绘画、雕刻等，都是当时社区文化的重要组成部分。

随着社会的发展和文明的进步，体育艺术与文化逐渐区分开来。在古希腊时期，体育成了一个独立的领域，有了专门的场所和比赛，体育比赛成为人们生活的重要组成部分，体育也开始向艺术方向发展，人们追求美的体育表演和竞技。同样，艺术也开始独立发展，人们创造出各种艺术形式，以展现人的思想、情感和理想。

在中世纪，西方社会经历了一段时间的"体育冷漠期"，体育活动被看作异端和荒诞的表现。然而，在这个时期，文化却经历了一个"黄金时代"，特别是宗教文化和艺术文化，诸如建筑、绘画、音乐等艺术形式在这个时期达到了高峰。而在东方，如中国，体育和艺术却在此时走向了合一，中国的武术、舞蹈等体育艺术形式在这个时期得到了长足的发展。

到了近代和现代社会，体育艺术与文化的关系又发生了新的变化。体育艺术作为一种全新的文化形态，逐渐成为社会生活的重要组成部分。例如，奥林匹克运动的兴起和发展，使体育艺术成为世界文化的一部分。同时，体育也开始与艺术、科技等其他领域发生交融，产生出新的运动形式，如体育舞蹈、艺术体操、极限运动等。

二、体育艺术与文化的关系

体育艺术作为文化的一个载体，具有深厚的历史底蕴和深远的社会影响。它在人类社会的发展过程中，以其独特的魅力和意义，对人类的精神生活和社会生活产生了深刻影响。它是文化的重要组成部分，也是人类社会发展的重要推动力。

文化的概念源自拉丁文"Cultura"，原意指的是耕作和培养，后来逐渐发展成为涵盖了知识、思想、艺术、文学等各个方面的广义概念。它是人类历史、经验和创造力的结晶，是社会生活的精神载体和社会发展的驱动力。体育艺术作为文化的一种表现形式，承载了人类社会的历史记忆和生活经验，体现了人类社会的价值观和审美观，是人类文化的重要组成部分。

体育艺术和文化之间的关系可以从多个层面来理解。

（一）体育艺术是文化的重要组成部分

体育艺术是文化的重要组成部分，是人类文化的重要表现形式。它承载着人类的历史记忆和生活经验，体现了人类的审美观和价值观，是人类精神文化的重要载体。古人的"礼、乐、射、御、书、数"中，射和御即体育，书和乐即艺术，体育与艺术自古并存，并以其独特的形式体现着文化的内涵。

（二）体育艺术是文化的创新源泉和发展动力

体育艺术以其独特的形式和内涵，吸引着人们的关注和参与，推动着社会的发展和进步。例如，各种体育比赛和艺术表演，不仅是展示技艺和竞技水平的舞台，更是传播文化、交流情感、传递价值的重要载体。体育艺术活动既是文化传播的渠道，也是文化创新的源泉，为文化的发展提供了无限的创新空间。

（三）体育艺术是文化教育的重要手段和载体

体育艺术教育不仅能够提高人们的身体素质和技能水平，还能够培养人们的审美情趣和精神品格，对人们的全面发展有着重要影响。例如，体育竞技中的公平竞争和团队协作，艺术创作中的创新思维和情感表达，都是文化教育中的重要内容，对于培养人们的价值观和世界观，塑造社会主义精神文明，有着重要作用。

可以说，体育艺术与文化之间的关系是密切而深入的。体育艺术是文化的重要组成部分，是文化的创新源泉和发展动力，也是文化教育的重要手段和载体。体育艺术与文化的结合，不仅丰富了文化的内涵和表现形式，也为文化的发展提供了新的动力和方向。

三、体育艺术在文化中的地位

体育艺术是文化的一个外在表现，是文化的一个组成部分。所谓体育文化，是一切体育现象和体育生活中展现出来的一种特殊的文化现象，人们在体育生活和体育实践过程中，为谋求身心健康发展，通过竞技性、娱乐性、教育性等手段，以身体形态变化和动作技能所表现出来的具有运动属性的文化。从中可以看出体育艺术在文化中的地位：

（一）人类的体育艺术：探索体育文化的无限可能

体育艺术的历史可以追溯到人类社会的早期，尽管人们生活在不同的地域环境，拥有不同的生活习惯，但体育艺术在形态、性质和目的上基本相似。在人类社会的发展过程中，体育艺术扮演着重要的角色，反映了社会文化、物质文明以及自身的发展。早期的体育艺术活动展示了人类对生存和延续的探索，同时也表现出原始社会的体育文化特征。

在人类社会的早期阶段，人们学会了跑、跳、投、攀爬等基本的体育技能和生产劳动知识。这些技能不仅是为了生存和发展所必需的，也是培养身体素质和战斗力的手段。各个部落为了增强自身的力量，进行有组织的身体训练，通过体育活动锻炼身体，提高战斗力，并为了部落的集体生活打下基础。这些早期的体育活动表现了人类对体育的实用性和目的性的认识，体现了体育在社会生活中的重要地位。

此外，早期的体育艺术也表现为庆祝和表达喜悦的形式。例如，丰收后的庆贺活动中，人们聚集在一起以游戏和舞蹈的方式庆祝，展现了体育艺术作为表达内心喜悦的形式。这种庆祝活动通过体育艺术的形式，如欢唱和舞蹈，传递着人们对丰收和生活美好的祝福和感激之情。这种庆祝活动不仅展示了人们对生活的热爱和喜悦，也体现了体育艺术在社会文化中的积极作用。

在原始社会中，体育艺术还与宗教活动紧密相连。人们通过体育艺术的形式进行祭拜和祭祀，表达对自然施恩和宗教信仰的崇敬。体育艺术在宗教活动中扮演着重要的角色，它不仅是对神灵的奉献和敬意，也是人们与自然、宇宙之间联系的纽带。通过体育艺术的表达，人们加深了对自然力量和神秘力量的理解，并通过祭祀和宗教仪式将体育艺术融入社会的文化中。

这些早期的体育艺术活动展现了人类对体育的需求和对艺术表达的渴望。它们是体育文化的重要组成部分，反映了当时社会的发展和文化特征。然而，随着社会的进步和人类文明的发展，体育艺术逐渐从单纯的实用性转变为更加丰富、多样化的表达形式，与人类社会的文化演进密切相关。在今天的社会中，体育艺术仍然扮演着重要的角色，它不仅满足人们对体育运动的需求，还提供了一种独特的艺术体验，促进了社会的发展和文化的交流。通过体育艺术的表达，人们能够深入理解体育文化的无限可能性，并以创造性的方式传承和发展体育艺术的精髓。

（二）传统的体育文化：塑造体育行为与体育艺术观念的力量

中华民族传统体育文化是农业文化的产物，主要指黄河流域的文化背景。它以儒家思想中的"天人合一""身心一元"、道家思想中的"各安天命""无为而治"等思想为哲学基础，以"仁"为核心思想，以保健性和表演性为基本模式，以崇尚人的内在气质、品格、精神修养为价值取向，形成了一种独特的文化形态。民族传统体育艺术作为中华民族优秀文化的一部分，以其完整的、独立的文化体系而存在，其数量和种类之多在世界上其他国家都无可比拟。它们的延续与发展与不同民族的语言、习俗、节日、生活习惯、伦理道德、宗教信仰、行为准则、价值观念、思维方式、思想意识和心态感情等紧密联系在一起。传统体育艺术就像一个容量巨大的容器，蕴藏着大量极其重要的文化内容，其所表达的文化信息方法和程度是常人难以想象的。

传统体育艺术承载着丰富的文化内涵和价值观念，不仅仅是体育的表演形式，更是一种传承民族文化的重要方式。它在传统社会中具有广泛的影响力，能够通过体育行为和艺术观念来塑造人们的行为方式和价值观念。体育艺术在传统文化中发挥着引领、教育、娱乐和凝聚社会的作用。通过体育艺术的表达和演绎，人们能够了解民族文化的精髓和传统智慧，同时也能够体验到对人的身心健康、审美情趣和道德修养的追求。传统体育艺术的发展与传承不仅与具体的体育行为相关，还与语言、习俗、节日、伦理道德等多个方面紧密相连。

民族传统体育艺术作为一种具有丰富内涵的文化形式，不仅在物质层面上满足人们的娱乐和享受，更在精神层面上传递着民族文化的价值观念和思想内涵。通过体育艺术的表达，人们能够感受到民族文化的深厚底蕴和独特魅力。传统体育艺术的传承和发展是一个艰辛而宝贵的过程，需要不断地学习、研究和传承，以保持其独特的魅力和文化价值。在当代社会中，传统体育艺术面临着许多挑战，如现代化的生活方式和文化多元化的冲击。然而，我们应该认识到，民族传统体育艺术作为经久不衰、生命力旺盛的文化存在，具备适宜的生存环境和文化传承的土壤，显示出自身的文化传承价值。

总而言之，传统体育文化在塑造体育行为和体育艺术观念方面具有强大的力量。中华民族传统体育艺术作为中华民族文化的瑰宝，以其丰富的内涵和独特的表达方式，展现了中华民族博大精深的文化底蕴。通过对传统体育艺术的继承和发展，我们能够更好地理解和传承民族文化的精神财富，使其在当代社会中焕发新的活力和影响力。

（三）地域和民族的体育艺术：体现体育文化特征与社会发展的互动共生

地域和民族的体育艺术是体育文化的重要组成部分，反映了不同地域和民族的特色、习俗和价值观。它们是人们对自身环境、生活方式以及社会发展的适应和表达。南方人和北方人在体育艺术方面表现出明显的差异，这种差异反映了地域性特征和民族文化的多样性。

南方人由于灵巧而善于技巧性运动。由于南方地区气候湿润，人们生活环境较为舒适，这使得南方人更注重灵活性和技巧性的体育活动。他们擅长各种技术性的体育项目，如武术表演、花样跳水、柔道等。南方人在体育艺术中展现出优雅、细腻和协调的特点，这与他们对身体的灵活运动和精细动作的培养密切相关。相反，北方人由于体力充沛而善于摔跤、马术等具有力量和耐力要求的项目。北方地区气候干燥，生活环境相对较为艰苦，这使得北方人注重体力和耐力的培养。他们擅长各种力量性的体育项目，如摔跤、拳击、举重等。北方人在体育艺术中展现出勇猛、刚毅和坚韧的特点，这与他们对力量和耐力的培养以及面对苛刻环境的适应能力密切相关。

南方人由于身体单薄而需要比北方人更多地相互协作，因此在体育运动中表现为集体项目的倾向。南方人注重团队合作和协作精神，他们擅长团体运动，如篮球、排球、羽毛球等。这种倾向体现了南方人对社会互助、合作和和谐的价值观念，依靠团队的力量来克服困难和实现共同目标。相反，北方人由于身高力大及性格上的特征，更倾向于从事个性化项目。北方人注重个人表现和个人的力量展示，他们擅长个人项目，如田径、举重、游泳等。这种倾向体现了北方人对个人能力和独立精神的追求，更注重个体之间的竞争和个人成就的重要性。

地域和民族的体育艺术差异既受到自然环境的影响，也受到文化传承和社会发展的影响。这种差异并不意味着优劣，而是体现了地域和民族的多元性和多样性。通过体育艺术的表达，不同地域和民族能够传承和展示自己独特的文化特征，促进文化交流和理解，推动社会的融合发展。体育艺术在地域和民族的互动中扮演着重要的角色，丰富了体育文化的内涵，增强了社会的凝聚力和文化的多样性。

四、体育艺术与文化的交融

体育艺术与文化的交融不仅仅体现在它们的共同起源和发展历程上，更重要的是它们在现代社会中的关系和作用。体育艺术与文化的交融为我们提供了一个新的视角，以理解和评价人类社会和文化。

首先，体育艺术与文化的交融为我们提供了一个理解和评价文化的新途径。以体育艺术为载体的文化，是人类对自身和社会的认识和理解的一种方式，它表现出人类对美的追求、对力量和智慧的挑战、对个体和群体的认识。通过体育艺术活动，我们可以了解和感受到不同文化背景下的思想、情感、价值观和生活方式。

其次，体育艺术与文化的交融也为我们提供了一种跨文化交流的途径。体育艺术活动，如奥林匹克运动会、世界杯足球赛等，是全球范围内的文化交流的重要平台。在这些活动中，人们可以通过体育比赛和艺术表演，了解和接触到不同的文化，增进对各种文化的理解和尊重。

再次，体育艺术与文化的交融为我们提供了一种文化创新的途径。通过将体育与艺术、科技等领域相结合，人们创造出了各种新的体育艺术形式，如体育舞蹈、艺术体操、极限运动等。这些新的体育艺术形式不仅丰富了我们的生活，也推动了文化的创新和发展。

最后，体育艺术与文化的交融还为我们提供了一种文化教育的途径。通过体育艺术活动，人们可以学习和传承文化，培养良好的生活态度和价值观，提升身心素质。

总的来说，体育艺术与文化的交融为我们理解和评价文化提供了新的视角，为我们进行跨文化交流、文化创新和文化教育提供了新的途径。

五、体育艺术与文化的现状和未来

随着社会的发展，体育艺术与文化的交融也在不断地发展和变化。在全球化的背景下，体育艺术已经成为各国文化交流的重要平台。体育比赛不再仅仅是体育运动员之间的竞技，也是各国文化的交流和展示。

同时，随着科技的发展，体育艺术与文化的交融也表现出新的趋势。一方面，科技的进步为体育艺术提供了新的可能性，如虚拟现实、增强现实等技术的应用，让体育艺术活动更加生动和刺激；另一方面，科技也让体育艺术活动更加便利，如直播技术的发展，让全球观众可以实时观看体育艺术活动。

未来，随着社会的发展，体育艺术与文化的交融将会有更多的可能性。一方面，体育艺术将会更加多元和包容，包含更多的文化元素，成为全球文化交流的重要载体；另一方面，体育艺术也将与科技更加紧密地结合，创造出更多新的体育艺术形式，为我们的生活带来更多的乐趣和启示。

第二章 体育艺术的分类

体育艺术的分类是对体育艺术进行系统归纳和细分的过程，它有助于我们更好地理解和研究体育艺术的不同领域和特征。体育艺术的分类基于一定的依据和标准，旨在对体育艺术进行更具体和细致的划分。在本章中，我们将对体育艺术的分类进行探讨。首先，我们将介绍体育艺术分类的依据，明确分类所依据的主要因素和标准。其次，我们将详细介绍不同的体育艺术类别和它们所具有的艺术特征。通过对体育艺术的分类研究，我们可以更好地理解不同领域的体育艺术表现形式，深入探讨其内涵和意义。体育艺术的分类不仅有助于各类艺术形式进行系统分析和比较，也能够为相关领域的教学和研究提供基础和参考。深入了解和探索体育艺术的分类有助于促进不同艺术形式的交流与合作，进一步推动体育艺术领域的发展和繁荣。

第一节 体育艺术分类的依据

一、依据体育的分类

对于体育的分类，经历了一个漫长的、百家争鸣的过程。时至今日，人们对体育依据不同标准的分类基本达成共识。

（一）依体育实施场所

体育作为一种广泛普及的身体活动形式，可以按照实施场所的不同进行分类，主要包括家庭体育、学校体育和社会体育。这些分类反映了体育活动在不同环境下的特点、目的和方式，各自具有独有的特征和影响力。

1. 家庭体育

家庭体育是指在家庭环境中进行的体育活动。家庭体育是最基础的一种分类，它以家庭为单位，通过各种形式的体育活动来增进家庭成员之间的互动和交流。家庭体育可以包括家庭成员一起进行的户外活动，如晨跑、徒步旅行、自行车骑行等，也可以包括室内活动，如健身操、瑜伽、乒乓球等。家庭体育不仅可以促进家庭成员的身体健康，还有助于增强亲情和凝聚力，培养家庭成员之间的合作意识和团队精神。

2. 学校体育

学校体育是指在学校教育环境中进行的体育活动。学校体育是学校教育的重要组成部分，旨在通过体育活动促进学生的身心健康发展和全面素质的提高。学校体育的内容包括课堂上的体育课和校园体育活动。体育课是学校教育体系中专门设置的课程，通过各种体育项目的学习和训练，提高学生的体质、协调性、灵活性和竞技能力。此外，学校还会组织各类体育赛事、运动会、校际比赛等校园体育活动，为学生提供锻炼和展示自我的机会。学校体育不仅可以培养学生的体育兴趣和爱好，还可以培养他们的纪律性、团队合作精神和竞争意识。

3. 社会体育

社会体育是指在社会公共场所或组织中进行的体育活动。社会体育是一种广泛参与的体育形式，旨在满足社会各个群体的体育需求和兴趣爱好。社会体育的实施场所包括公园、健身中心、俱乐部、体育场馆等。社会体育活动形式多样，涵盖了众多的体育项目，如健身训练、羽毛球、篮球、足球、网球、游泳等。社会体育既满足了人们日常生活中的体育锻炼需求，也提供了交流互动和社交的机会。社会体育不仅有益于个体的身体健康，还能促进社会和谐，加强社区凝聚力，改善居民的生活质量。

总的来说，这些分类反映了体育活动在不同环境中的特点和目的，家庭体育注重家庭成员之间的互动和交流，学校体育促进学生的身心健康发展，社会体育满足社会各群体的体育需求和兴趣爱好。无论是在家庭、学校还是社会中进行的体育活动，都对个体和社会具有重要的意义和影响，不仅能够改善身体健康，还能培养个体的合作精神、竞争意识和团队合作能力，促进社会的和谐发展。

（二）依体育参与者年龄

根据参与者的年龄不同进行分类，主要包括婴幼儿体育、青少年体育和中老年体育。每个年龄段的体育活动都有其独特的特点和目的，适应相应年龄群体的身体发展和需求。

1. 婴幼儿体育

婴幼儿体育是指适合0到3岁幼儿参与的体育活动。婴幼儿体育的主要目的是促进婴幼儿的身体发育和感知能力的提高。这种体育活动通常包括父母和幼儿一起进行的亲子游戏、室内爬行、抓握运动等。通过这些活动，幼儿可以锻炼肌肉力量，促进骨骼发育，提高感官协调性和平衡能力。婴幼儿体育注重亲子互动和情感交流，有助于加强亲子关系，提高幼儿的自信心和社交能力。

2. 青少年体育

青少年体育是指适合10到19岁青少年参与的体育活动。青少年体育的目标是培养青少年的身体素质，发展运动技能，塑造积极健康的生活方式。青少年体育活动的内容丰富多样，包括校园体育课程、学校体育竞赛、俱乐部运动队训练等。青少年可以选择自己感兴趣的项目，如足球、篮球、田径、游泳等，并通过系统的训练和比赛来提高技能水平和竞技能力。青少年体育不仅有助于塑造健康的体魄，还能培养他们的团队合作精神、领导才能和自律能力，促进全面发展。

3. 中老年体育

中老年体育是指适合40岁以上人群参与的体育活动。中老年体育的目标是延缓身体机能的衰退、促进身体健康和心理幸福。中老年体育活动的种类繁多，包括健身操、太极拳、瑜伽、散步、羽毛球等。这些活动不仅有助于维持肌肉力量、骨骼健康和心血管功能，还能改善中老年人的灵活性、平衡感和抗压能力。中老年体育注重保持健康的生活方式，同时也为中老年人提供了社交互动的平台，提高了社区凝聚力和心理健康。

综上所述，每个年龄段的体育活动都有其独特的特点和目的，适应相应年龄群体的身体发展和需求。这些体育活动不仅对身体健康有益，还能培养团队合作意识、领导能力、自信心和社交能力，为不同年龄段的人们提供了全面发展的机会。

(三)依体育参与者职业

根据参与者的职业不同进行分类，主要包括农民体育、工人体育、军人体育和知识分子体育。每个职业群体的体育活动都与其职业特点、需求和背景密切相关，反映了不同群体在体育领域的参与和发展。

1. 农民体育

农民体育是指农村地区农民群体参与的体育活动。农民体育的目的是促进农民的身体健康，提高劳动能力和生产力。农民体育活动通常与农村的生产劳动和传统文化密切相关，如农田作业中的体力活动、农民体育比赛和传统体育游戏等。通过这些体育活动，农民可以增强体质，培养团队合作精神，提高劳动效率和生活质量。农民体育也承载着传统文化的传承和农村社区的凝聚力。

2. 工人体育

工人体育是指工业劳动阶层参与的体育活动。工人体育的目标是提高工人的身体素质，提高工作能力和生活质量。工人体育活动的内容包括工厂内的体育锻炼、工人体育比赛、企业运动会等。这些活动旨在通过体育锻炼来改善工人的身体健康和心理状态，增强工作能力和团队合作精神。工人体育还能促进工人之间的交流和友谊，提升整个劳动阶层的凝聚力和社会地位。

3. 军人体育

军人体育是指军队人员参与的体育活动。军人体育的目的是培养军人的身体素质、战斗力和士气。军人体育活动的内容包括军事体能训练、战术比赛、军事竞技等。通过这些活动，军人可以提高体能水平，锻炼战斗技能，培养勇敢、坚韧和团队协作的品质。军人体育不仅有助于保持军队人员的战斗力和应对复杂环境的能力，还是培养军人的纪律性、决断力和忍耐力的重要途径。

4. 知识分子体育

知识分子体育是指知识型职业人员参与的体育活动。知识分子体育的目标是促进知识分子的身体健康，提高学习和创造能力。知识分子体育活动的内容包括学术机构内的体育锻炼、学术体育比赛、知识分子运动会等。这些活动旨在通过体育锻炼来改善知识分子的身体素质和精神状态，提高学习和工作效率。知识分子体育也有助于促进知识分子之间的交流和合作，加强学术界的凝聚力和创新能力。

综上所述，每个职业群体的体育活动与其职业特点、需求和背景密切相关。这些体育活动不仅有助于提高身体健康，还能培养团队合作精神、纪律性、领导能力和创造力，促进不同职业群体的全面发展和社会进步。

（四）依体育发展年代

根据体育的发展年代，可以将其分为古代体育、近代体育、现代体育和当代体育。这些阶段的体育发展与时代背景、社会环境和文化特点密切相关，展现出不同的特征和演变。

1. 古代体育

古代体育是指追溯到古代文明时期的体育活动。古代体育在各个文明古国都有着独特的发展。例如，古希腊的奥运会是古代体育的重要代表，强调身体素质和竞技精神。古埃及的体育活动则与宗教仪式和法老统治紧密相连。古代体育的目的主要是培养战士的战斗力和娱乐民众，其项目多与战争、军事训练和神圣仪式有关。此时期的体育活动在规模、组织形式和参与人数上相对较为有限，但奠定了体育的基础，并对后世的体育发展产生了重要影响。

2. 近代体育

近代体育指的是从16世纪到19世纪的体育发展阶段。这一时期，随着工业革命的兴起、城市化的推进和现代体育观念的崛起，体育活动逐渐脱离了宗教和军事背景，开始呈现以娱乐、竞技和健康为主要目的的特点。近代体育的典型代表是英国的现代体育运动，如足球、板球、高尔夫等的形成和普及。同时，体育组织和规则的建立也为体育的制度化发展奠定了基础。这一时期的体育活动开始在社会各个阶层中普及，并引起了人们对体育教育和体育竞技的重视。

3. 现代体育

现代体育是指20世纪初到20世纪末的体育发展阶段。这一时期，体育活动发生了巨大的变革和创新。现代奥运会的创立标志着体育活动国际化和全球化的开始。此外，新兴的体育项目如田径、游泳、篮球、网球等在全球范围内迅速流行起来。体育教育和体育科学的兴起使得体育活动更加系统化和专业化。体育竞技的商业化也逐渐崛起，形成了专业体育联赛和商业体育品牌。这一时期的体育活动展现了科技与体育的结合，推动了体育技术的革新与提高。

4. 当代体育

当代体育是指20世纪末至今的体育发展阶段。在当代社会，体育已经成为人们生活中不可或缺的一部分。体育活动越来越多元化和多样化，体育产业规模不断扩大。大型体育赛事如奥运会、世界杯足球赛等吸引了全球的关注和参与。此外，随着科技的不断进步，电子竞技等虚拟体育项目也迅速崛起。当代体育的特点包括全民参与、科技创新、体育文化的传播和体育外交等方面。

综上所述，不同阶段的体育发展与时代背景、社会环境和文化特点密切相关。这些阶段的体育发展在体育项目、参与规模、组织形式、体育观念和影响力等方面都有着显著的差异和变化。体育的发展历程展示了人类对身体健康、竞技精神和社会文化的不断追求和探索。

（五）依体育属性

根据体育属性进行分类，主要包括健身体育、竞技体育和休闲体育。这些分类反映了体育活动在不同领域和目的下的特点、需求和影响。

1. 健身体育

健身体育是指以促进身体健康和提高个人体质为主要目的的体育活动。健身体育的特点是注重全面身体锻炼，包括有氧运动、力量训练、柔韧性练习等。这些活动可以在健身房、运动场所、户外等环境进行，如跑步、举重、瑜伽、游泳、健身操等。健身体育旨在促进个体的身体健康、增强体能、塑造良好的身材和提高生活质量。同时，健身体育也是缓解压力、增强免疫力和改善心理健康的有效途径。

2. 竞技体育

竞技体育是指以比赛和竞技为主要目的的体育活动。竞技体育注重运动员之间的竞争和技能展示，强调规则性、公平性和公正性。竞技体育涵盖了众多的专业体育项目，如足球、篮球、田径、游泳、网球等，以及奥运会等大型国际比赛。竞技体育要求运动员具备专业的训练和比赛能力，以追求最好的成绩和荣誉。此外，竞技体育还在社会中扮演着激励和鼓舞人心的角色，激发了人们追求卓越、团队合作和全民健身的热情。

3. 休闲体育

休闲体育是指以娱乐、放松和社交交流为主要目的的体育活动。休闲体育强调个人的休闲愉悦和身心放松，不受时间、场地和竞争压力的限制。休闲体育包括散步、骑自行车、打太极拳、进行团队游戏等。这些活动旨在提供身体运动的乐趣和社交互动的机会，强调身心健康的平衡。休闲体育还有助于缓解工作压力，增进人际关系，培养兴趣爱好和享受生活的乐趣。

总的来说，每种体育属性都有着独特的特点和目的，满足了人们在不同方面的需求和兴趣。体育活动不仅有助于促进身体健康和增强体能，还能培养个人的竞争意识、合作精神、自律能力和享受生活的能力。同时，体育也在社会中扮演着重要的角色，推动了全民健身、促进社会和谐与发展的进程。

二、依据逻辑学"划分"（或分类）的标准

我们可以根据逻辑学的原理和划分规则来对体育进行分类。体育作为一个复杂的领域，可以根据不同的属性和标准进行划分，以形成清晰、准确的分类体系。

将体育作为划分的母项，我们可以将其划分为不同的子项。每个子项代表着体育范畴中的一个具体概念或特征。在这个分类中，我们可以将体育划分为以下几个子项：竞技体育、休闲体育、健身体育、团体体育和个人体育。这些子项代表了体育活动的不同方面和特点。

在划分体育的分类时，我们需要依据一定的属性或标准，这些属性将作为划分的标准或根据。在体育的分类中，可以依据以下属性进行划分：竞技性质、目的和方式、参与者数量、合作与个人竞争等。

基于竞技性质的划分，我们可以将体育划分为竞技体育和休闲体育两个子项。竞技体育强调竞争性和比赛性，其目的是通过比拼技巧、战胜对手来获得胜利。休闲体育则侧重于放松、娱乐和个人健康，不强调竞争，注重个人舒适和享受。

基于目的和方式的划分，我们可以将体育划分为健身体育、团体体育和个人体育。健身体育的目的是促进个人身体健康和体能提升，注重个人锻炼和健康管理。团体体育强调团队合作、协调和战略，通过集体努力取得优秀的团体成绩。个人体育则侧重于个人技巧和表现，注重个人的竞技水平和表演能力。

基于参与者数量的划分，我们可以将体育划分为大众体育和专业体育。大众体育是广泛开放给大众参与的体育活动，旨在提高人们的身体素质和促进全民健身。专业体育则是以专业运动员为主导的体育活动，注重专业技术和竞技水平的提升。

基于合作与个人竞争的划分，我们可以将体育划分为团体竞技和个人竞技。团体竞技强调团队合作和协作，如篮球、足球、排球等需要团队成员之间的密切配合和协调。个人竞技则侧重于个人的竞技能力和表现，如田径、游泳、击剑等项目中个人的表现和成绩至关重要。

以上所述是基于逻辑学原理进行的体育分类，每个子项都符合划分规则和逻辑性原则。这样的分类体系有助于我们更好地理解体育的不同方面和特点，同时也为体育管理、体育教育和体育发展提供了有益的参考。这样的分类体系使我们能够更准确地讨论体育问题，制定相应的策略和推动体育事业的发展。通过划分和分类，我们能够深入了解体育的多样性和丰富性，进一步推动体育的发展与进步。

三、依据艺术的分类

体育艺术的形式丰富多样，可以根据艺术的分类来进行细分。以下是一种可能的分类方法，不过应注意，艺术的分类方法有许多种，这只是其中之一。

（一）视觉艺术

视觉艺术是指通过视觉传达信息和情感的艺术，如绘画、雕塑、摄影等。在体育艺术中，许多项目都涉及视觉艺术。比如体操、花样滑冰、舞蹈等，它们的动作设计和表演都需要考虑视觉效果，如动作的线条、节奏、形态等，都要尽可能地呈现美感。此外，这些项目的服装设计和场地设计也需要考虑视觉美学，以提升观赏性。在某种程度上，所有的体育项目都涉及视觉艺术，因为运动员的动作和体态都会给观众带来视觉冲击和美感。

（二）表演艺术

表演艺术是指通过表演来传达信息和情感的艺术，如戏剧、音乐、舞蹈等。在体育艺术中，许多项目都属于表演艺术，如舞蹈、体操、花样滑冰等。这些项目需要运动员以精细的动作和情感表达来吸引观众，运动员在表演中需要展示他们的技巧、创造力和艺术感。体育赛事本身也可以被看作一种表演，运动员的动作和表情，观众的反应，都构成了一次精彩的表演。

（三）音乐艺术

音乐艺术是指通过音乐来传达信息和情感的艺术。在体育艺术中，音乐艺术的运用是无处不在的。比如在花样滑冰、体操和舞蹈等项目中，音乐是动作设计和表演的重要组成部分，运动员需要根据音乐的节奏和情感来设计和执行动作。此外，在许多体育赛事中，音乐也起到了调动气氛和激发情绪的作用。

（四）文学艺术

文学艺术是指通过文字来传达信息和情感的艺术。在体育艺术中，文学艺术的应用可能并不像上述三种艺术那样直观。但是，我们可以从运动员的故事、赛事的报道以及赛事的评论中看到文学艺术的影子。这些文字都需要通过生动、精练的语言来描绘运动员的动作、情感和经历以及比赛的激烈和精彩。

以上四种艺术形式只是体育艺术的一部分，它们通常会混合在一起，形成复杂而丰富的体育艺术形式。总的来说，体育艺术是一种多元化、跨学科的艺术形式，它涵盖了人类对于美的多种理解和追求。

第二节　体育艺术的类别与艺术特征

艺术与体育的结合创造了独特的体育艺术领域，这一领域旨在更好地把握体育艺术的规律，揭示体育艺术的特性，并推动各类体育艺术的提高和发展。体育艺术作为体育与艺术相结合的领域，具有独特的特点和表现形式。为了更好地把握体育艺术的规律，了解体育艺术的特性，我们可以将体育艺术分为两大类，即以体育作为艺术素材的体育艺术和以艺术作为体育构成的某一元素或某几个元素的体育艺术。

一、体育作为艺术素材的体育艺术

以体育作为艺术素材的体育艺术是指将体育活动、体育场馆、体育运动员等作为艺术创作的素材和表现对象，通过艺术形式进行艺术创作和表达。在这类体育艺术中，艺术家以体育为灵感和主题，运用各种艺术形式将其艺术化地再创造和再表达。这类体育艺术形式多种多样，包括体育雕塑、体育建筑、体育绘画、体育摄影、体育音乐、体育文学、体育舞蹈、体育影视等艺术形式。

（一）体育雕塑艺术

1. 体育雕塑艺术概述

体育雕塑艺术是体育与雕塑艺术相结合的一种艺术形式，它通过雕塑的方式将体育活动、体育运动员和体育场景等具体元素塑造成实体的艺术形象。作为人类文化艺术史上最古老的艺术品种之一，雕塑艺术以其独特的表现方式和形态感，为人们展现了丰富的艺术审美和创造力。

雕塑艺术创作是在三维空间中进行的，通过雕刻或塑造的手段，使用土、木、石、金属等材料，创造出具有实体性的艺术形象。在体育雕塑艺术中，艺术家通过对体育活动的观察和理解，将运动的美感和动态表现在雕塑作品中。体育运动为艺术家们提供了丰富的灵感，因为体育运动本身就是一种身体力量、动作协调和美感的体现。正如现代奥林匹克运动之父顾拜旦所言："体育运动可作为艺术的创造者和艺术创作的契机，因为它创造美的艺术品——运动员。"

许多知名的艺术家在体育雕塑艺术方面做出了杰出的贡献。例如，20世纪初著名的法国雕塑家罗丹（Rodin）以运动员为模特，于1901年创作了著名的《美国运动员》（铜塑），通过其逼真的表现手法，生动地捕捉到了运动员的力量和肌肉线条。另外，布代勒（Bourdelle）的《射手赫拉克勒斯》等作品也成为国际上著名的体育雕塑作品，通过雕塑的形式展示了体育运动中的力量和英勇。

此外，在每届奥运会期间，主办国组委会都会举办一系列体育雕塑艺术作品展览，以向世界展示体育与艺术的结合。这些展览不仅是对体育文化的一种表达和推广，也是对体育运动员的致敬和肯定。同时，主办国会向国际奥委会赠送体育雕塑艺术纪念品，以永久记录这一历史时刻，并为体育运动留下独特的艺术印记。

体育雕塑艺术通过对体育元素的艺术化再现，将运动的美感、力量和精神转化为实体的艺术形象。它不仅具有观赏性和艺术性，还承载着对体育运动的敬意和赞美。这些雕塑作品不仅让人们感受到体育的力量和美感，也展示了人类对运动的热爱和追求。体育雕塑艺术丰富了人们的视觉体验，促进了体育与艺术的交流与发展。它在体育赛事、体育场馆和公共空间中的展示，为人们创造了更具艺术氛围的环境，丰富了城市文化生活。通过体育雕塑艺术的创作和展示，我们能够更深入地体验体育的魅力，感受艺术与运动的融合之美。

2. 体育雕塑艺术的艺术特征

体育雕塑艺术融合了体育与艺术的特性，具有以下的艺术特征：

（1）动态表现性：体育雕塑艺术的一个核心特性是对动态的生动刻画。

雕塑是静态的艺术形式，但体育雕塑需要创造出运动的错觉，展现出动态的形象。艺术家需要深入理解运动的力度、节奏和姿态，以及运动员的内心情感，通过对体态、肌肉、表情的细致雕刻，让雕塑看起来仿佛在动，充满力量和生命。

（2）实体性和空间性：体育雕塑艺术作为三维艺术，要在物质和空间中进行创作。雕塑的实体性和空间性要求艺术家在设计和创作中考虑空间布局和雕塑的角度，为观众提供多元视角的观赏体验。

（3）表现体育精神：体育雕塑艺术需要将体育精神融入作品中。通过对运动员的雕塑，艺术家可以传达如挑战自我、团队合作、竞技精神等价值观。体育雕塑不仅仅是运动员的肖像，更是对体育精神的体现。

（4）审美性和艺术性：体育雕塑艺术以其独特的审美视角，呈现运动员的体态美、力量美，通过艺术家的创作，使运动员的形象升华，具有艺术性。同时，艺术家的技巧和风格、作品的材料和制作工艺也为体育雕塑艺术带来独特的审美魅力。

（5）创新性：体育雕塑艺术在发展过程中，始终在探索新的表现形式和创新思路，以创新的视角和手法展现体育主题，赋予作品新的内涵和形式，使得体育雕塑艺术始终保持活力。

（二）体育建筑艺术

1. 体育建筑艺术概述

体育建筑艺术是通过建筑物的设计、布局、形式和装饰等方面，将体育活动的需求与建筑美学相结合，创造出具有实用性和艺术性的体育场馆。建筑艺术作为一种实用性造型艺术，旨在创造具有文化价值和审美价值的建筑形象。体育建筑艺术则在实用性和统一性的基础上，追求体育活动场所的美感和艺术价值，体现了当时的体育文化和审美观念。

在体育建筑中，人们通过设计和构建各种体育场馆和设施，以满足体育活动的需求，并创造出具有独特魅力和艺术感的建筑形象。体育场馆的建造不仅要考虑到功能性和实用性，还要注重建筑美学和文化内涵的体现。这种综合性的设计要求体现了体育建筑的实践和创造性。

例如，2008年北京举办的第29届奥运会主体育场"鸟巢"是一座具有重要历史意义的体育建筑。其独特的外观设计和结构构造使它成为世界上最著名的体育场馆之一。鸟巢的设计灵感来自中国传统文化中的筒状结构和鸟巢形象，体现了中国文化的独特韵味和建筑艺术的创新。这座建筑不仅是一座体育场馆，也是一件艺术品，通过其独特的造型和结构，展示了人类对建筑的创造力和对体育的热爱。

另外，意大利巴里市新建的一座大型体育馆也体现了体育建筑艺术的独特魅力。这座体育馆的造型灵感来自古战船，通过建筑的形式和细节展现出中世纪意大利的"海盗"精神和海洋文化。它不仅提供了一个优质的体育活动场所，还成为城市地标和文化象征，彰显了巴里市的历史和地方特色。

此外，中国广州市体育馆也是体育建筑艺术的杰出代表之一。该体育馆由主馆和附馆组成，两座馆舍采用了反扣的"龙舟"造型，体现了广州地方文化和民俗特色。这种独特的建筑形式不仅展现了中国传统文化的魅力，也为广州市的体育事业和文化活动提供了独特的场所。

体育建筑艺术不仅是体育活动的载体，也是城市文化的重要组成部分。具有艺术价值的体育场馆，不仅能满足体育运动的需求，还能为城市增添美感和文化魅力。体育建筑艺术的发展促进了体育事业和城市文化的融合，为人们提供了更好的体育环境和文化体验。

2. 体育建筑艺术的艺术特征

体育建筑艺术是体育与建筑学的深度交融，是人文精神与科技理念的交织，兼具实用性与艺术性。其独特性质使其在建筑艺术中占有重要地位。它的艺术特征主要体现在以下几个方面。

（1）功能性与人性化设计：体育建筑艺术首要的特征就是强调功能性和人性化设计。每一个体育建筑都是为了满足特定的体育活动需求而设计的，如体育馆、游泳池、足球场等，其结构、规模、形式等都需要根据所服务的运动项目具体需求来设计。同时，体育建筑也需要考虑到使用者的需求和舒适度，包括运动员、教练员、观众等，考虑他们的视觉需求、活动空间、休息设施等，做到人性化设计。

（2）艺术审美性：体育建筑艺术需要兼顾实用性与审美性，设计师通过运用不同的建筑语言和风格，创造出具有艺术美感的体育建筑。此外，体育建筑艺术通常需要呈现出力量感和动态感，符合体育精神。它们往往使用强烈的线条、大胆的色彩和创新的形状，呈现出独特的视觉效果，吸引观众的目光。

（3）技术创新性：在技术层面，体育建筑艺术需要借助先进的建筑技术和材料来实现设计理念。新型材料和新技术的应用不仅有利于提升建筑的功能性和耐用性，同时也为实现艺术设计提供了可能。如膜结构、张拉结构等现代建筑技术，在体育建筑设计中得到广泛应用，创造出许多独特和标志性的体育建筑。

（4）文化象征性：体育建筑艺术往往承载着丰富的文化象征意义。每一个体育建筑都是一个城市、一个国家文化、历史和精神的体现。比如，奥林匹克体育场、世界杯足球场等，都具有强烈的文化象征意义，成了一个国家或地区的地标性建筑。

（5）环境适应性：体育建筑艺术需要考虑到环境因素，如地形、气候、环境等，和周围环境的协调性，以及对环境的尊重。例如，建筑的布局和设计需要考虑到光照、通风、隔音等因素，同时也需要考虑到建筑的环保和可持续发展，通过使用环保材料、节能设计等方式，减少对环境的影响。

总的来说，体育建筑艺术既是工程科技的结晶，又是艺术的展现，它融合了实用性与艺术性，表达了体育的活力与热情，同时也展现了人性化设计的理念和对环境的尊重。

（三）体育绘画艺术

1. 体育绘画艺术概述

体育绘画艺术是绘画艺术的一种表现形式，它以体育文化为题材，通过艺术家的创作和表现手法，创造出反映体育文化生活的平面视觉艺术形象。绘画艺术以线条、色彩和块面等元素，在二维空间中创造具有立体感和情境的视觉形象。而体育绘画则将这一艺术形式与体育活动相结合，以体育比赛、运动员形象和体育场景等为创作对象，展现体育文化的魅力和精神。

体育绘画可以表现体育比赛中激烈的运动场面，通过绘画的方式捕捉到运动员的动作、表情以及他们的拼搏精神和奋斗态度。艺术家可以通过线条的运用和色彩的组合，将体育比赛中的紧张氛围和兴奋情感表现得淋漓尽致。同时，体育绘画也可以描绘体育赛事的组织者、观众的参与和沉浸于比赛的心情，以展现体育文化的丰富内涵。

在历史上，许多艺术家通过绘画创作表达了对体育的热爱和对运动员的敬佩。比利时大画家沙克·戴拉纳曾为现代奥林匹克之父顾拜旦先生创作了一幅肖像画，展现了他的英勇和力量。苏联画家日林斯基则创作了群体肖像《苏联体操运动员》，通过绘画捕捉了训练中的体操运动员的形象和精神面貌。这些作品以绘画艺术的手法，展示了体育运动的魅力和运动员的特质。

体育绘画艺术通过艺术家的创作和表现，将体育活动中的动感与美感融合在一起，为观众呈现了体育文化的多样性和魅力。它丰富了艺术的表现形式，同时也加深了人们对体育的理解和体验。通过体育绘画的创作和欣赏，我们能够更深入地感受体育的魅力，以及艺术与体育相结合所带来的视觉与情感的享受。

2. 体育绘画艺术的艺术特征

体育绘画艺术是体育和绘画艺术的交融，它通过艺术的手段描绘体育的动态和静态，捕捉运动员的精神风貌，展现体育比赛的激烈和热情，同时也传递体育精神。以下是体育绘画艺术的主要艺术特征：

（1）动态与力量感：体育绘画艺术的一个显著特征就是其能够充分展示动态感和力量感。通过运动员在竞技场上奋力拼搏的形象，绘画艺术家能够捕捉并传达运动的瞬间动态，展示人体在极限运动中的力量和美感。

（2）人性化与情感表达：体育绘画艺术也往往体现了人性化和情感表达。它不仅仅是对体育运动的外在形式的描绘，更是对运动员内心情感和精神风貌的抒发。艺术家通过细腻的笔触和色彩，描绘运动员在比赛中的激情、坚持、挫折甚至痛苦，从而引起观者的共鸣。

（3）象征性与隐喻性：体育绘画艺术还具有强烈的象征性和隐喻性。艺术家常通过对体育场景的描绘，将体育精神转化为一种象征符号，以此隐喻社会、历史或者人性等更深层次的主题。

（4）视觉冲击力：体育绘画艺术往往具有强烈的视觉冲击力。运动员的动作、比赛场景的色彩以及观众的情绪，这些元素在艺术家的笔下被夸大或突出，使得整个画面充满了生命力和张力，给观者留下深刻的印象。

（5）历史记录性：体育绘画艺术同时也具有历史记录性。艺术家通过描绘特定时期的体育运动和运动员，反映了那个时代的社会环境、文化背景以及人们的生活方式。

（四）体育摄影艺术

1. 体育摄影艺术概述

体育摄影艺术是运用现代科技手段，通过摄影机的拍摄，创造出能够反映生活、表现主体情感的可视画面的艺术形式。摄影艺术注重纪实性、构图、光线和色调等方面，通过独特的造型手段，将客观现实转化为艺术形象。在体育摄影中，特别强调对动态运动的拍摄，因此相较于拍摄静态对象，它具有更高的难度和挑战性。

体育摄影的独特之处在于能够捕捉体育运动中精彩而瞬息万变的瞬间形态，并将其凝固在摄影作品中。通过摄影的技术手法和艺术构图，体育摄影能够强化观赏者对体育竞技的惊险性、激烈性和趣味性的艺术审美体验。体育摄影所捕捉的真实运动形象具有强烈的感染力，展现出与其他艺术形式不可比拟的美学情趣。尽管体育摄影作品是静止的、无声的画面，但它能够向观众呈现紧张激烈的竞赛氛围和惊险优美的瞬间。因此，体育摄影具有凝固真实动感画面的独特魅力和创造力。

在体育摄影中，摄影师们需要具备高超的技术水平和敏锐的观察力。他们需要熟悉体育运动的规则和特点，预判运动员的动作和场景，以捕捉到最具表现力的瞬间。他们要善于运用快门速度、曝光时间和焦距等摄影参数，以准确记录体育运动的精彩瞬间。同时，他们还要通过构图、取景和光线控制等手法，营造出能够体现运动力量、速度和美感的画面效果。通过对光影、色彩和纹理的处理，摄影师能够增强作品的艺术表现力，使观众更深入地感受到体育运动的魅力。

体育摄影艺术在记录体育历史、传递体育精神和推动体育发展方面起到了重要作用。通过摄影作品，人们可以回顾和追忆重大体育赛事的激动瞬间，了解运动员的拼搏精神和奋斗历程。体育摄影也为体育传媒提供了重要的素材，丰富了体育报道的内容和形式。同时，体育摄影作品也成为艺术展览和摄影比赛的重要参与者，展示了摄影艺术与体育的结合，为观众带来视觉上的享受和思考。

总之，体育摄影艺术以其独特的表现形式和真实的动感画面，将体育运动与艺术相结合，为观众呈现了体育的魅力和艺术的魅力。通过摄影师们的专业技巧和艺术感知，体育摄影作品展示了体育比赛中的激情、力量和美感，为人们带来了视觉和心灵上的享受。体育摄影在记录体育历史、传递体育精神、推动体育发展以及促进艺术与体育的交流方面发挥着重要的作用。

2. 体育摄影艺术的艺术特征

体育摄影艺术不仅要求摄影师具有技术上的精湛，还需要他们具备敏锐的观察力、深厚的艺术修养和高尚的审美观。以下是体育摄影艺术的主要艺术特征：

（1）动态性：体育摄影艺术以表现运动员在运动过程中的动态美为主要任务，这也是其最显著的特征之一。摄影师需运用高速快门、连续拍摄等技术手段，以封冻的形式捕捉运动的瞬间，表现运动员的动态姿态、激烈的运动场面和紧张激烈的竞赛氛围。

（2）立体性：体育摄影艺术强调构图的立体感和深度感。通过调整拍摄角度和选择合适的焦距，运用前景、背景等元素，使得作品具有更强的视觉冲击力和空间感。

（3）表现力：体育摄影艺术富有极强的表现力，能够传达出运动员在比赛中的紧张、兴奋、喜悦、失落等多样的情感。通过对运动员表情、动作的精准抓拍，摄影师可以使观者体验到运动场上的激情与戏剧性。

（4）瞬间性：体育摄影艺术往往追求那些瞬间性的画面，因为这些画面往往最能体现运动的特点和运动员的精神风貌。比如运动员跨过终点线的那一刻、篮球进入篮筐的瞬间、足球员射门的一瞬等。

（5）纪实性：体育摄影艺术作为一种纪实艺术，记录了体育历史和运动员的辛苦努力。通过摄影，人们可以回顾历史上的体育盛事，重温那些激动人心的比赛瞬间。

（6）审美性：体育摄影艺术在追求纪实的同时，还注重审美性。良好的构图、恰当的光线、丰富的色彩、创新的角度等，都能增强作品的艺术表现力，使之具有更高的审美价值。

（五）体育音乐艺术

1. 体育音乐艺术概述

体育音乐艺术是一种表演艺术形式，通过音乐的旋律、节奏、和声、配器和复调等元素，在时间的流动中创造出审美情境，直接抒发情感，反映生活的艺术形象。体育音乐艺术以艺术家对当时体育活动的理解为基础，通过音乐的表演来反映体育文化，直接抒发情感。

在古代奥运会中，音乐扮演着重要的角色。奥林匹克音乐比赛的优胜者将获得最高奖赏，并且会有音乐为他们伴奏。这体现了古代奥运会对音乐在体育活动中的重视。而在现代奥林匹克运动中，音乐也扮演着重要的角色。在奥运会的开幕式和闭幕式上，会有特定的奥运会会歌，通过独唱、重唱或合唱的形式表达。这些会歌旨在展现奥林匹克运动的价值观和精神，激发观众的情感共鸣。

除了奥运会会歌，奥运会还有特定的主题曲。在开幕式的升旗仪式和点燃圣火仪式上，会演奏奥运会的主题曲，通过音乐来营造庄严肃穆的氛围，展示奥运会的盛大和重要性。此外，在颁奖仪式上，也会演奏获胜选手所在国家的国歌，以庄严肃穆的方式表达对冠军的崇敬和祝贺。

体育音乐艺术不仅在奥运会中得到广泛应用，也在其他体育赛事和活动中发挥重要作用。例如，足球比赛中会有欢快的音乐作为背景音乐，增添比赛的氛围；篮球比赛中会有激烈的音乐节奏来烘托比赛的紧张氛围。此外，体育音乐还广泛应用于健身操、体育舞蹈和花样滑冰等体育项目中，通过音乐的节奏和旋律，与运动员的动作相结合，营造出视听上的和谐和美感。

体育音乐艺术具有独特的艺术表现力和情绪感染力。通过音乐的表演，观众能够更深刻地体验体育活动的激情和动感，以及运动员们的拼搏精神。体育音乐艺术不仅在体育赛事中提供了音乐的陪衬，更为观众营造了与体育活动相匹配的情感体验。通过音乐的节奏、旋律和谐的和声，体育音乐艺术将体育与音乐结合在一起，创造出独特而令人难以忘怀的艺术体验。

总之，体育音乐艺术以其独特的表现形式和情感表达，为观众带来了对体育文化的深入理解和情感共鸣。通过音乐的艺术性和运动的动感相结合，体育音乐艺术为体育活动增添了艺术的色彩和情感的张力，丰富了观众的感受和体验。体育音乐艺术在奥运会和其他体育赛事中发挥着重要的作用，同时也为音乐和体育的交流与融合提供了平台和机会。通过体育音乐艺术，人们可以更好地感知体育和音乐的美妙，领略到二者相互交融所带来的无限魅力。

2. 体育音乐艺术的艺术特征

体育音乐艺术在激发人们的运动热情、提升比赛的观赏性和传达运动精神等方面发挥着重要作用。它的艺术特征主要体现在以下几个方面。

（1）节奏性：体育音乐艺术中的音乐作品往往具有强烈的节奏感，这是因为节奏可以引导和激发人们的运动欲望，帮助运动员调整呼吸和步伐，达到更好的运动效果。同时，强烈的节奏感也可以刺激观众的情绪，增强比赛的紧张感和观赏性。

（2）鼓舞性：体育音乐艺术的另一个重要特征是鼓舞性。无论是激昂的战歌，还是鼓励向前的乐曲，都能激发运动员的斗志，鼓舞他们克服困难，奋力争胜。

（3）多元性：体育音乐艺术包含了各种类型的音乐，如流行、摇滚、古典、民族等，这种多元性使得体育音乐艺术能够适应各种体育场合，满足不同观众的音乐喜好。

（4）纪实性：体育音乐艺术还具有纪实性。比如，奥运会、世界杯等大型体育赛事的主题曲，不仅仅是比赛的音乐背景，更是对比赛的记忆和象征。这些音乐作品在唤起人们对比赛的回忆的同时，也凝聚了人们的情感，使得比赛的记忆更加深刻。

（3）表现性：体育音乐艺术中的音乐作品也具有表现性。它们通过音乐语言传达运动的精神内涵，表现运动的独特魅力。如柔情的体操音乐、热情的足球赛歌曲等，都以独特的音乐语言描绘了运动的形象。

（4）交互性：体育音乐艺术具有很高的交互性，因为在体育赛事中，音乐作品能够引导和调动观众的情绪，让观众更加投入比赛之中。同时，观众的反应又反过来影响着音乐的演奏，使得体育音乐艺术具有了一种独特的互动性。

（六）体育文学艺术

1. 体育文学艺术概述

体育文学艺术是一种通过语言艺术来表达体育思想和情感的创作形式。文学艺术以语言或文字符号为表达手段，通过塑造想象性形象和反映社会生活的方式，创作出具有艺术性的文学作品。体育文学艺术主要通过对体育的理解和审美把握，运用语言的艺术表达手法，塑造体育的艺术形象，表达对体育的思想和情感。

体育文学在奥林匹克运动中扮演着重要的角色。不论是古代奥运会还是现代奥运会，都涌现出许多优秀的体育文学作品。特别是在现代奥林匹克运动会的艺术比赛中，有许多体育文学作品获奖。这些作品通过文学的形式，表达了对体育运动的热爱、对奥林匹克精神的理解以及对运动员英勇拼搏的赞颂。

早在1912年至1948年的奥林匹克艺术比赛中，就有许多杰出的体育文学作品获得了奖项。这些作品包括乔治·霍雷德和埃什巴赫的《奥林匹克颂》、顾拜旦的《体育颂》，1920年的《奥运会之歌》《安特卫普奥神》和《众神的赞美》，1924年的《奥运会竞技》和《走向奥运会之神》，1928年的《奥运会之歌》（抒情诗）和《英雄交响曲》，1932年的《奥运会竞技史》和《阿尔高森的勇士们》，1936年的《奔跑的人们》，以及1948年的《南非》等。

这些体育文学作品通过诗歌、散文、剧本等文学形式，以及丰富多样的文学手法，展现了体育运动的独特魅力和深刻内涵。它们描绘了体育比赛中的激烈竞争、运动员的奋斗精神和胜利的喜悦，同时也反映了体育运动在社会中的重要地位和对个体成长的积极影响。

体育文学艺术不仅仅局限于奥林匹克运动，它还广泛涵盖了各种类型的体育文学作品。体育小说、体育散文、体育诗歌等形式都是体育文学的重要组成部分。这些作品通过文字的魔力，将读者带入体育运动的世界，让人们通过阅读体验到体育活动所蕴含的激情、挑战和人性的光辉。

总而言之，体育文学艺术通过文学形式的创作，将体育与语言艺术相结合，以独特的表达方式展现体育运动的精神内涵和情感体验。体育文学作品不仅具有艺术性和美学价值，还能够激发人们对体育运动的热爱和理解，促进体育文化的传承和发展。通过阅读和欣赏体育文学作品，人们能够深入感受体育的力量和魅力，同时也为体育与文学之间的交流与融合提供了更广阔的空间。

2. 体育文学艺术的艺术特征

体育文学艺术通过故事的叙述和人物的塑造，传达了强烈的体育精神和生活理想。它的艺术特征主要表现在以下几个方面：

（1）富有动感的叙事风格：体育文学艺术往往通过描绘体育比赛或运动过程，展现了一种充满动感的叙事风格。这种叙事风格常常以生动活泼的动作描写、激烈的比赛场面、快节奏的叙述方式，展现出体育运动的紧张刺激与激情四溢的特性。这种特性也与体育运动自身的特点相吻合，因此，体育文学艺术在叙事风格上具有鲜明的个性和独特的吸引力。

（2）深厚的人文关怀：体育文学艺术常常以体育为切入点，深入挖掘体育运动背后的人性和社会问题，表现出深厚的人文关怀。这种关怀可能体现在运动员的精神历程，可能体现在体育运动与社会生活的关系，可能体现在体育运动对个人成长的影响等等，从而使体育文学艺术具有了丰富的思想深度和社会意义。

（3）鲜明的比赛情节：体育文学艺术往往以体育比赛作为主要情节，以比赛的激烈程度和运动员的比赛状态作为故事发展的驱动力，构建了紧张刺激的比赛情节。这种情节构造既体现了体育运动的竞技特性，又突显了人在面对困难和挑战时的毅力和精神风貌。

（4）人物性格的鲜明性：体育文学艺术中的人物往往以体育运动员为主，这些人物具有鲜明的性格特点，如坚韧不拔、积极向上、团结协作等。他们的性格特点往往在比赛中得到充分的展现和磨砺，从而形成鲜明的人物形象。

（5）深入的社会解读：体育文学艺术常常将体育运动置于社会历史背景之中，以此来解读社会现象和社会变迁。因此，体育文学艺术不仅仅关注体育运动本身，还深入解读了社会和历史，展现了体育与社会生活的紧密联系。

（七）体育舞蹈艺术

1. 体育舞蹈艺术概述

体育舞蹈艺术是将舞蹈和体育相结合，以艺术审美的方式来锻炼身体，实现身心全面健康发展的一种舞蹈形式。它利用有组织、有节奏的人体动作，运用节奏、表情、构图、造型和空间运动等要素，创造形象、表达感情和反映生活，通过舞蹈的形式达到身体锻炼、艺术创作和文化交流的目的。

体育舞蹈包括各种健身舞和韵律操，这些舞蹈形式注重动感和协调性，以欢快的音乐为伴奏，通过舞蹈动作的运动和节奏，使身体得到全面的锻炼，提高身体的柔韧性、协调性和耐力。这些舞蹈形式适合不同年龄段的人群参与，包括婴幼儿、青少年和中老年人，让人们在跳舞的过程中享受运动的乐趣，提升身心健康。

中老年迪斯科舞是一种流行的体育舞蹈形式，它以迪斯科音乐为背景，融入了舞蹈动作的元素，让中老年人在欢快的音乐中跳动身体，增强身体的灵活性和协调性，同时也提升了心情和社交互动。

冰上舞蹈是在冰面上进行的一种舞蹈表演，它结合了舞蹈的优雅和冰上运动的技巧，通过滑冰动作的流畅性和舞蹈形式的艺术性，展现出独特的美感和技巧要求。冰上舞蹈不仅要求舞者具备舞蹈的技巧和表达能力，还需要掌握冰上运动的基本技巧，如滑行、转体和跳跃等，使舞蹈动作在冰面上得以完美呈现。

水上舞蹈是一种在水中进行的舞蹈形式，它融合了舞蹈和游泳的要素，通过水中舞蹈动作的流畅性和舞者的表演技巧，创造出独特的视觉效果和艺术感染力。水上舞蹈通常在游泳池或水上舞台上进行，舞者需要具备游泳技能和舞蹈表演能力，通过水中的浮力和舞蹈动作的协调性，展现出优雅和轻盈的舞蹈形象。

此外，体育舞蹈还包括一些传统的武术舞蹈形式，如舞剑、舞刀和象征模拟各种动物、特定形象的象形拳、五禽戏等。这些舞蹈形式通过模拟武术动作和形象，展示武术的力量和美感，让观众在舞蹈的表演中感受到中国传统文化的独特魅力。

总之，体育舞蹈艺术通过舞蹈的形式和体育的元素相结合，创造出丰富多样的舞蹈形象，使人们在舞蹈的过程中享受运动的乐趣、提升身体的健康，并通过舞蹈的表演艺术展示人体的美感和文化的内涵。它不仅促进了体育与艺术的结合，也为人们提供了一种独特的身体表达和文化交流的方式。

2. 体育舞蹈艺术的艺术特征

体育舞蹈艺术旨在以动态和优美的动作展示人体的力量和美感，同时，它也承载了深厚的文化和情感表达。以下是体育舞蹈艺术的一些主要艺术特征。

（1）动态与流畅：体育舞蹈艺术以动态的动作和流畅的舞蹈为主要特征，强调身体的协调性和灵活性。每一个动作都充满了力量和韵律感，展示了运动员对自身身体的精准控制和高超技艺。这种动态和流畅的特征不仅考验了运动员的身体素质和技术能力，也提升了观众的审美享受。

（2）表达与情感：体育舞蹈艺术是一种重要的情感和意念表达形式，通过舞蹈动作和身体语言来传达运动员的内心情感和创作主题。这种情感的表达方式既可以是激昂热烈的，也可以是温柔内敛的，丰富的情感表达让舞蹈作品更具艺术性和观赏性。

（3）创新与融合：体育舞蹈艺术常常创新舞蹈形式和技术，融合不同的舞蹈风格和体育元素，以此产生独特的艺术效果。比如现代舞蹈可以融合体操、武术等体育元素，创造出具有视觉冲击力的舞蹈作品。这种创新和融合的特征使体育舞蹈艺术的表现力和表现范围更为广阔。

（4）节奏与音乐：体育舞蹈艺术往往与音乐紧密结合，舞蹈动作和音乐节奏相互配合，产生强烈的艺术冲击力。音乐的节奏、旋律和情感色彩会直接影响舞蹈的动作设计和表演风格，因此，音乐在体育舞蹈艺术中起着重要的推动和辅助作用。

（5）团队协作：在许多体育舞蹈艺术中，如花样滑冰、花样游泳等，团队协作是至关重要的。每个运动员都必须与队友紧密配合，保证动作的同步和统一，以此展示团队的力量和默契。这种团队协作的特征不仅考验了运动员的技术能力，也考验了他们的团队精神和配合能力。

（八）体育影视艺术

1. 体育影视艺术概述

体育影视艺术是基于电影和电视艺术的基础上，将体育文化作为创作素材，通过影视作品的形式来反映体育文化生活的综合艺术。它利用电影和电视的艺术语言和技术手段，以画面、声音、色彩、蒙太奇等艺术元素，在时间和空间的运动中创造直观、感性的影像形象和意境，表达思想和情感，以及传递社会生活的信息。

体育影视艺术的目的是多方面的。首先，它可以通过影视作品展示体育比赛的精彩场面和运动员的奋斗精神，激发观众的情感共鸣和对体育的热爱。其次，它可以记录体育历史，呈现重大体育事件和运动员的传奇故事，将体育文化传承下去。此外，体育影视艺术还可以通过虚构的故事情节，塑造丰满的人物形象，展示体育领域的人际关系、挑战和成长，传达深层次的思想和情感。

以奥林匹克运动为例，体育影视艺术可以通过纪录片、电影和电视剧等形式来展示奥林匹克运动会的历史，记录奥运会上的重大时刻和运动员的努力和成就。这样的影视作品不仅仅是一种娱乐，更是一种文化的传播和体育价值观的弘扬。体育影视艺术可以通过镜头的运用和剧情的安排，使观众深入了解体育项目的规则和技术要求，增加观众对体育的认识和体验。

体育影视艺术的发展离不开技术的进步和专业团队的精心制作。从摄影、灯光、特效到音乐、剪辑、演员表演，每个环节都需要专业人员的协作和精细的处理，才能打造出高质量的体育影视作品。同时，体育影视艺术也需要与体育赛事和体育文化密切结合，深入了解体育的内涵和价值，以真实、准确地表达体育的精神和情感。

总的来说，体育影视艺术通过电影和电视的手段和语言，以体育为题材，展现体育文化生活的多样性和魅力。它在推广体育、传承体育文化、激发观众情感等方面发挥着重要作用，为观众带来视觉和情感上的享受，同时也促进了体育与艺术的融合与发展。

2. 体育影视艺术的艺术特征

体育影视艺术充分利用影视的视觉语言和叙事手法，展示体育运动的魅力，传递运动精神，展现体育运动员的挑战与奋斗，表达对生命和人性的思考。以下是体育影视艺术的主要艺术特征。

（1）视觉冲击力：体育影视艺术往往充满了强烈的视觉冲击力，无论是运动员精湛的技艺，还是比赛场地的壮丽景象，都能让观众身临其境地体验到体育运动的激情和魅力。先进的影视技术，如高速摄影、无人机拍摄等，更可以从独特的角度展现运动的动态美，提供更丰富和立体的视觉体验。

（2）情感驱动的叙事：体育影视作品通常以运动员或团队的历程作为主线，展现他们面对挑战、战胜困难、追求梦想的过程。这种情感驱动的叙事让观众能够更深入地理解运动员的付出和努力，感受他们的欢乐、悲伤、痛苦和喜悦。通过这种深度的情感交流，观众可以更加亲近体育运动和运动员，体验运动带来的心灵触动。

（3）运动精神的体现：体育影视艺术是运动精神的重要传播途径，作品通常强调公平竞争、团队合作、尊重对手、永不放弃等核心价值观，传递出积极向上的社会信息。通过对运动精神的传播，体育影视艺术对于提升社会道德品质、塑造良好的公共文化环境具有重要作用。

（4）技术与艺术的融合：体育影视艺术在传统的影视叙事手法上，融入了体育特有的表现手法。例如运用慢镜头表现运动员的某个细微动作，运用特殊的镜头角度展现比赛场面的壮观，这些都使得体育影视艺术在形式和内容上都富有创新和艺术感。

（5）社会和文化的反映：体育影视艺术作为一种社会文化现象，其内容和形式都深受社会和文化环境的影响。通过反映不同社会和文化背景下的体育活动，体育影视艺术可以展示各种各样的生活方式和价值观，反映社会变迁和文化差异。

二、以艺术作为体育构成的某一元素或某几个元素的体育艺术

以艺术作为体育构成的某一元素或某几个元素的体育艺术是指在体育活动中融入艺术元素，使其成为体育表演的一部分，同时艺术元素本身并不具有独立的意义。在这种体育艺术中，艺术元素作为体育表演的一种手段和方式，增添了艺术的审美效果和观赏性，如健美操、艺术体操、花样滑冰、花样游泳、体操、武术套路等。

（一）健美操

1. 健美操概述

健美操是一种以舞蹈动作和音乐为基础的体育项目，它结合了舞蹈的优美姿态和健身运动的要素，以展示身体的柔韧性、协调性和力量为目的。健美操强调身体的流线美和形体的协调性，通过舞蹈动作的精准性和优雅性来展现个体的美感和健康的身体素质。

2. 健美操的艺术特征

健美操主要目标是通过优美的动作和身体协调性，增强体质，提高身体健康状况。以下是健美操的艺术特征：

（1）动作的美学特征：健美操的动作设计有力且流畅，强调动作的连续性和流动性。每个动作都有其自身的节奏和强度，配合音乐的变化，产生丰富多变的动作组合。健美操的动作美学特征还体现在其对身体线条的强调，通过展示身体的柔韧性和力量，达到美的效果。

（2）音乐的融合：健美操的另一艺术特征是音乐的融合。健美操将音乐的旋律、节奏和情感表达融入动作设计中，使动作和音乐在节奏和情感上达到完美的同步。这种音乐与动作的结合使得健美操的表演更具观赏性和感染力。

（3）舞蹈元素的融入：健美操融合了舞蹈元素，不仅在动作上，而且在表现和情感传达上也有舞蹈的影子。舞蹈元素的融入增加了健美操的艺术性和表现力，使之不仅仅是一种健身运动，也是一种艺术表演。

（4）身体和精神的统一：健美操的艺术特征还表现在身体和精神的统一上。健美操运动员需要将身体的力量、灵活性、耐力和平衡性与精神的专注、决心、勇气和坚韧结合起来，以达到最佳的运动效果。这种身体和精神的统一使得健美操的表演更加深情和感人。

（5）集体和个体的结合：健美操既有集体的表演，也有个人的独舞，强调集体和个体的和谐统一。在集体表演中，健美操运动员需要协调身体动作，形成整体的视觉效果；在个人独舞中，运动员需要展示个人的技巧和风格，表达个人的情感和意念。

（6）剧场元素的引入：健美操还引入了剧场元素，比如舞台设计、光影效果、服装和道具等，进一步提升了健美操的艺术层次。通过这些剧场元素的引入，健美操的表演不仅仅是一种运动展示，更是一种艺术展示。

总的来说，健美操的艺术特征体现在它的动作设计、音乐和舞蹈元素的融合、身体和精神的统一、集体和个体的结合以及剧场元素的引入等方面。健美操通过将运动与艺术相结合，使人们在锻炼身体的同时，也能享受到艺术的乐趣。

（二）艺术体操

1. 艺术体操概述

艺术体操是一项要求运动员在体操动作的基础上，增加艺术性表现的体育项目。它融合了舞蹈、体操和表演艺术的元素，运动员通过精湛的技巧和优雅的表演，展现出独特的个人风格和创造力。艺术体操注重形体的美感和动作的流畅性，运动员需要通过身体的柔韧性、力量和协调性，展现出精妙的技巧和舞台表演的魅力。

2. 艺术体操的艺术特征

艺术体操是运动员通过与音乐的协调和配合，使用不同的器械（包括绳、球、圈、棍和彩带）进行演练。以下是艺术体操的艺术特征：

（1）动作的美学性：艺术体操中的动作非常美学，体现了运动员身体的灵活性、力量和平衡。运动员需执行一系列复杂的身体动作，如跳跃、旋转、平衡、柔韧性动作和难度动作，所有这些动作都需和音乐节奏、旋律同步，展现出流动性和美感。

（2）音乐和舞蹈的融合：艺术体操的演练是在音乐伴奏下进行的，运动员的动作和表情需和音乐的节奏、情绪匹配。同时，艺术体操还融合了舞蹈元素，增加了艺术体操的观赏性。舞蹈动作不仅增强了动作的美感，也提升了运动员的表达力。

（3）器械的使用：艺术体操中的器械使用也是其艺术特征之一。每种器械都有其特定的动作和难度，运动员需灵活、巧妙地使用器械，展现出独特的动作美学。器械的运用能够增加动作的丰富性和观赏性，也是运动员艺术技巧的展现。

（4）舞台表现力：艺术体操运动员需要具备一定的舞台表现力，包括身体语言、面部表情和情感投入等。这些都是艺术体操艺术特征的重要组成部分，也是评判运动员表现的重要标准。

（5）动作的创新性：艺术体操鼓励动作的创新和独特性。每个运动员都会根据自身的特点和风格，创作出独特的动作和表演，这种创新性和个性化是艺术体操的重要艺术特征。

（三）花样滑冰

1. 花样滑冰概述

花样滑冰是一项结合了舞蹈、体操和滑冰技术的艺术性滑冰项目。运动员在冰上通过优美的动作和技巧，配合音乐的节奏和表情的展现，展示出独特的舞蹈和冰上技术的融合。花样滑冰要求运动员具备卓越的技术水平和艺术表现力，他们通过旋转、跳跃、步伐和动作的完美配合，创造出令人惊叹的视觉效果和情感表达。

2. 花样滑冰的艺术特征

花样滑冰这种运动项目要求运动员展示出他们的力量、敏捷性、灵活性和平衡感，同时还需要展示出音乐感和创意。以下是花样滑冰的艺术特征。

（1）音乐和动作的完美结合：花样滑冰中的每一个动作都与背景音乐息息相关，无论是翻跟斗、旋转还是滑行，都需要配合音乐的节奏进行。这就要求运动员具有出色的音乐感，能够理解并精准地根据音乐的节奏、韵律来安排和执行动作。因此，音乐感是花样滑冰的重要艺术特征。

（2）表现力和情感传递：花样滑冰并不仅仅是一种体育运动，它也是一种表演艺术。运动员通过自己的动作、面部表情和舞台表现力，将音乐和故事情感传达给观众。这种情感的传递也是评判运动员表演的重要因素。因此，表现力和情感传递也是花样滑冰的重要艺术特征。

（3）动作的美感和创新性：花样滑冰的动作设计需要富有美感和创新性。美感体现在动作的流畅性、线条美以及运动员的体态和仪态。创新性则体现在运动员如何巧妙地融合新的技巧和动作元素，创造出独一无二的表演。因此，动作的美感和创新性也是花样滑冰的重要艺术特征。

（4）服装设计：花样滑冰的服装设计也是其艺术特征的一部分。服装通常会与表演的主题和音乐风格相匹配，通过色彩、面料和设计元素来增强表演的视觉效果和艺术性。同时，服装也需要考虑到运动员的动作需求，保证其在滑冰时的舒适度和灵活度。

（四）花样游泳

1. 花样游泳概述

花样游泳是一种在水中进行的表演性水上运动，它融合了舞蹈、体操和游泳技术的要素。花样游泳运动员在水中通过优雅的动作、精准的同步和协调的团队合作，展现出独特的水中芭蕾舞蹈风格。运动员通过水中的舞蹈动作、抛掷动作和协同动作，表达出音乐所传达的情感和故事，给观众带来视觉上的享受和情感上的共鸣。

2. 花样游泳的艺术特征

花样游泳融合了游泳、舞蹈和体操的复合运动形式，它在水中的表演通常伴随着音乐的节奏。以下是花样游泳的艺术特征。

（1）与音乐的同步性：花样游泳的核心是与音乐的同步性。运动员在水中执行的每一次动作和技巧，都需要紧密地配合音乐的节奏和旋律。这种与音乐的同步性要求运动员们不仅需要在水中灵活地移动和变换阵型，同时还需要在头脑中保持对音乐的精确计时。因此，对音乐的感知和理解以及对节奏的掌握，是花样游泳中最基本也是最重要的艺术特征之一。

（2）表现力和情感的投射：与舞蹈和戏剧一样，花样游泳的表演者需要用他们的动作来表达一种情绪或者讲述一个故事。无论是微妙的面部表情，还是大的动作设计，都可以传达一种特定的情感。这种情感的传递，使观众能够更好地理解和感知到表演者所想表达的内容，因此表现力和情感的投射是花样游泳的艺术特征之一。

（3）动作的创新性和美感：花样游泳的动作设计既需要遵循一定的规则，也需要展示出创新性和美感。在动作的设计中，运动员们需要寻找到在技术上可行，同时又能有效传达他们想要表达的内容的动作。这种动作的美感主要体现在流线型的身体形态、高难度的技巧以及舞蹈和体操元素的融合等方面。

（4）队形和阵型的变化：在花样游泳中，运动员们需要通过精密的队形和阵型阵型变化来展现他们的团队合作能力和创造力。这些阵型变化通常需要在水面和水下同时进行，并且需要与音乐的节奏和旋律相匹配。因此，阵型和队形的变化也是花样游泳的艺术特征之一。

（五）体操

1. 体操概述

体操是一项要求运动员在器械或自由体操上进行各种动作和技巧展示的体育项目。它结合了力量、柔韧性、平衡和协调性等多个要素，通过精准的动作和技巧，展示出运动员的身体控制力和协调性。体操项目分为男子和女子项目，包括跳马、高低杠、平衡木和自由体操等，运动员通过不同的动作组合和技术要求，展现出高难度和艺术性的体操动作。

2. 体操的艺术特征

体操既是竞技体育，也是艺术的一种体现。以下将从几个方面深入论述体操的艺术特征。

（1）动态美：体操动作的执行不仅要求精准，还要求流畅和连贯，这种流动性就是动态美的体现。动态美主要体现在运动员通过体操动作呈现的力度、节奏、速度和幅度的变化以及动作的连贯性、流畅性和旋转性等方面。例如，运动员在自由体操中通过一系列翻腾、旋转、跳跃、平衡和力量动作的组合，创造出流动的画面，充分展现了动态美。

（2）形态美：体操运动员在执行动作过程中，他们的身体形态必须做到优雅和谐，这就是形态美。形态美主要体现在运动员的身体线条，如体位、姿态和手足的动作。无论是高难度的倒立、旋转，还是微妙的手臂和手指动作，都需要运动员有优美的体态和精确的身体控制。

（3）空间美：体操运动员在空间中执行动作，他们对空间的利用和控制就体现出空间美。空间美主要体现在动作的振幅、高度、距离和方向。例如，运动员在跳马、高低杠或吊环等项目中，他们的动作必须在空间中达到特定的高度和距离，以满足项目的技术要求。

（4）表现力：体操运动员在执行动作过程中，必须通过他们的动作和表情向观众和评委展现他们的情感和个性，这就是表现力。表现力主要体现在运动员的面部表情、眼神交流以及动作的风格和个性。在艺术体操和舞蹈体操等项目中，表现力的重要性尤其明显。

（5）音乐性：在某些体操项目中，如艺术体操和舞蹈体操等，运动员需要根据音乐的节奏和旋律来执行动作。这就需要运动员有音乐感，能够将动作和音乐完美融合，以创造出富有音乐性的表演。

（六）武术套路

1. 武术套路概述

武术套路是中国传统武术中的一种表演形式，它通过一系列的动作和技巧展示，表达武术运动员的身体控制力、力量和灵活性。武术套路注重动作的精准性、力量的发挥和形体的协调性，运动员需要通过精确的技术和优雅的动作，展示出独特的武术风格和内外兼修的武术精神。武术套路通过形象生动的动作和技巧展示，向观众传递出中国传统武术的独特魅力和哲学思想。

2. 武术套路的艺术特征

武术套路不仅具有实战的功效，同时还体现了独特的艺术价值。以下将详细论述武术套路的艺术特征：

（1）形态美：武术套路中的每个动作，都需要运动员严谨的姿态和精准的动作执行。每个招式的起、承、转、合，无论是站立、走位还是跳跃、蹬踏，都要做到身法规范、招式准确。这种形态美体现在武术运动员的身体线条，如站姿、步态、手法、眼神等，从而展现出武术的力度与美感。

（2）动态美：武术套路中的动态美主要体现在动作的连贯性、流畅性以及力度、节奏、速度和幅度的变化。每一个动作之间的过渡要自然流畅，无论是软功还是硬功，慢动作还是快动作，都要有如水流般的连续性和流动性，给人一种视觉的享受。

（3）节奏美：武术套路中的节奏美体现在动作的快慢、轻重、虚实之间的变换。动作的执行要有起伏有致，有忽快忽慢的节奏感，使得观众在感受到武术的磅礴力量的同时，也能感受到节奏的变化带来的动感。

（4）空间美：武术套路的空间美体现在动作的方向、线条和层次上。无论是线性的推进，还是旋转、跳跃的动作，都要在空间上有明显的方向性和线条感，形成美感。此外，空间的高、中、低层次的利用，也使得整个套路更具空间立体感。

（5）意境美：武术套路不仅是一种技击的表现，更是一种艺术的创作。每一种套路都蕴含着一种独特的意境，例如太极拳的"静中有动，动中有静"，形象地表现了阴阳对立统一的哲理。这种意境美可以使观众在欣赏套路的同时，更深入地理解和感受中国传统文化的魅力。

综上所述，这些体育艺术项目都以身体动作和艺术表现为核心，通过精湛的技巧和优雅的表演，展现出体育与艺术的完美结合。运动员通过对身体的训练和动作的精确掌握，呈现出独特的艺术形象和个人风格，将体育运动的力量和美感展现给观众。这些项目不仅要求运动员具备卓越的身体素质和技术水平，还需要他们具备艺术表达的能力和独特的创造力。通过这些体育艺术项目的表演和展示，观众可以感受到体育与艺术的交融，体味到运动与美感的结合，享受到视觉和情感上的愉悦。同时，这些项目也丰富了体育文化的内涵，促进了体育艺术的发展和传承。

通过以上分类，体育艺术的多样性得以展现。不仅能够将体育活动本身转化为艺术作品，展现出体育的美感和力量，还能够通过艺术元素的融入，提升体育表演的观赏性和艺术性。体育艺术的发展不仅有助于推动艺术的创新和发展，也为人们提供了更多欣赏体育和艺术的机会。此外，体育艺术还可以作为一种艺术教育的形式，培养人们对体育和艺术的兴趣和理解，促进身体和精神的全面发展。

第三章　体育艺术的特征与功能

体育艺术的特征与功能是研究体育艺术的重要内容，它们帮助我们深入理解体育艺术在人类生活中的独特意义和价值。体育艺术作为一种综合性的艺术形式，具有自身的特征和表现方式，同时也具备多种功能和影响。在本章中，我们将探讨体育艺术的特征与功能。首先，我们将详细分析体育艺术的特征，包括虚拟特征、情感特征、审美特征等方面。其次，我们将探讨体育艺术所具备的功能，如文化传承、情感表达、社会凝聚等。通过深入研究体育艺术的特征与功能，我们可以更好地认识和理解体育艺术的独特魅力和作用。体育艺术的特征与功能的探讨不仅有助于提升对体育艺术的鉴赏能力和理解力，也对于推动体育艺术教育和实践具有重要的指导意义。通过发挥体育艺术的特征和功能，我们可以进一步丰富人们的精神文化生活，促进人的全面发展和社会进步。

第一节　体育艺术的特征

一、体育艺术的虚拟特征

体育艺术是一种充满生命力的艺术形式，以其强大的想象力和创新性，体现出现实世界的影像。它把实体的体育运动变成抽象的艺术表达，把肉体的运动变成精神的追求。通过体育艺术，我们可以感知运动员的力量、速度和美感，同时也可以理解体育比赛的深层含义。体育艺术不仅仅是对现实生活的再现，也是对人性、情感和理想的探索，因此，虚拟性成为其一种重要特征。

在体育艺术中，虚拟性可以理解为一种创造性的想象力和表达方式，它使艺术家能够超越现实的限制，以独特的艺术语言来阐释和展现运动的魅力。体育艺术家在创作过程中，会运用他们的想象力，把现实中的运动场景、运动员的形象和运动比赛的精彩瞬间，进行虚拟的再造和升华，使其变成富有艺术感和美感的视觉作品。

虚拟性在体育艺术中的体现，可以从以下几个方面进行解析：

（一）体育艺术的虚拟性是对现实生活的艺术化提炼

体育艺术的虚拟性是指艺术家将现实生活中的体育运动通过艺术手法进行提炼和表达，创造出具有艺术性和想象力的形象和情境。这种虚拟性不是对现实的简单模仿，而是通过艺术家的创造力和表现手法，赋予体育运动更深层次的意义和表现力。

艺术家在创作体育艺术作品时，通过抽象、象征、隐喻等艺术手法，将体育运动中的元素和场景进行艺术化的提炼和再现。比如，在绘画中，艺术家可以运用色彩、线条和形状等元素，创造出动感十足的运动画面。通过运用明暗对比、线条的延伸和曲折，艺术家可以呈现出运动员在比赛中的力量、速度和灵活性，使观众能够在静态的画面中感受到运动的动态美。类似地，雕塑家可以通过雕刻的形态、质感和体积感，展现运动员的肌肉线条和姿态，使观众能够在三维空间中感受到运动的力量和美感。

这种艺术化的提炼使得体育运动具有更强的表现力和感染力。通过艺术家的创造力和想象力，体育运动被赋予了更深层次的情感和意义。艺术作品中所表现的体育形象和场景不仅仅是单纯的运动行为，还可以代表人类的努力、挑战和胜利，激发观众的共鸣和情感体验。这种虚拟性的艺术表达使得观众能够从艺术作品中感受到更丰富、更深刻的体育运动的内涵和精神。

此外，体育艺术的虚拟性也为观众提供了一种逃离现实、进入想象世界的机会。通过艺术作品中所创造的虚拟形象和情境，观众可以暂时抛开现实的限制和束缚，沉浸在艺术的世界中，体验与现实不同的感受和情绪。这种虚拟性的艺术体验为观众提供了一种美的享受和精神上的满足，使他们能够在艺术作品中获得一种超越现实的愉悦和触动。

总之，体育艺术的虚拟性是对现实生活的艺术化提炼，通过艺术家的创造力和表现手法，将体育运动的元素和场景转化为具有艺术性和想象力的形象和情境。这种虚拟性赋予了体育艺术更深层次的意义和表现力，激发观众的情感体验和想象力，同时也为观众提供了进入想象世界的机会，获得美的享受和精神上的满足。体育艺术的虚拟特征丰富了人们的艺术体验，且对于推动艺术的发展和社会的文化进步具有重要的意义。

（二）体育艺术的虚拟性也体现在对体育运动的理想化表现

体育艺术的虚拟性不仅表现在对现实生活的艺术化提炼，还体现在对体育运动的理想化表现。艺术家在创作体育艺术作品时，常常根据他们的审美理想和人生理念，创造出理想化的运动场景和人物形象，超越现实的限制，展示人们对于更好的运动生活的向往和追求。

在理想化的体育艺术作品中，艺术家可以突破现实的局限，将运动场景呈现得更加壮观、激烈和高潮迭起。运动员的动作可以更加优雅、卓越和完美，体现出超乎寻常的能力和技巧。比赛场地可以被创造成梦幻般的环境，充满奇幻和神秘的色彩。通过这种理想化的表现，艺术家试图激发观众的想象力和热情，让他们能够在艺术作品中感受到无限可能和梦想成真的美好。

体育艺术作品中的理想化表现也可以体现在对运动员的形象和品质的刻画上。艺术家常常通过对人物形象的塑造，展示运动员的勇气、毅力、团队精神等积极品质。运动员被描绘成具有超凡能力和英雄气概的形象，他们克服各种困难和挑战，追求卓越和胜利。这种理想化的形象呈现激发观众对运动员的崇拜和敬佩，同时也鼓舞观众追求自我超越和完美。

理想化的体育艺术作品不仅仅是对现实的简单再现，更是通过艺术家的想象和创造，超越现实的限制，展现出人们内心深处对于美好运动生活的渴望和向往。这种虚拟性的艺术表达激发观众的想象力和情感，让他们能够在艺术作品中感受到更高层次的体育美和精神追求。

值得注意的是，虽然体育艺术作品中的理想化表现超越了现实，但它并不否认现实中存在的问题和挑战。相反，通过对理想的展示，体育艺术作品可以激起观众对现实的思考和反思，促使人们为实现理想而努力奋斗。同时，理想化的表现也为社会提供了一个愿景和目标，鼓舞人们积极参与体育运动，追求自我成长和社会进步。

因此，体育艺术的虚拟性在对体育运动的理想化表现中得以体现，通过艺术家的创造力和表现手法，超越现实的局限，创造出令人憧憬和向往的艺术形象和场景。这种虚拟性的表达激发观众的想象力和情感，同时也鼓舞人们追求更美好的运动生活和实现自我价值的努力。

（三）体育艺术的虚拟性也体现在对体育精神的象征化展现

艺术家通过艺术的虚构和象征手法，将体育精神的内涵与意义进行抽象和表达，使其具有更深远的象征意义和感染力。

在体育艺术作品中，艺术家通过符号、形象和意境的构建，将体育精神融入艺术表现之中。例如，通过描绘运动员的姿态和动作，艺术家可以表达出毅力和坚韧不拔的精神特质。通过绘制团队合作和协调的场景，艺术家可以传递团结和合作的价值观念。通过创造公平竞争和公正裁判的形象，艺术家可以呈现公平和正义的体育精神。

这些虚构的艺术作品具有象征意义，超越了具体的运动场景和个体的体育活动，代表着更高层次的价值观和情感表达。艺术家通过艺术形象的象征化展现，将体育精神抽象化，使其具有更广泛的意义和内涵。观众在欣赏这些艺术作品时，不仅仅是欣赏体育的表面现象，更是通过符号和象征的解读，深入理解和感受体育精神的力量和影响。

体育精神的象征化展现在艺术作品中还可以引发人们对于体育精神的思考和自我反省。观众通过艺术作品中所表达的象征意义，思考运动背后的价值观、道德观和社会意义。这种思考和自我反省可以促使人们对自己的行为和态度进行审视，激发人们积极投身于体育运动和体育精神的实践中。

通过体育艺术作品对体育精神的象征化展现，艺术家可以传递出积极向上的价值观念和社会意义，引发观众对体育精神的深入思考和认同。这种象征化的表达不仅在艺术创作中具有独特的美学价值，更在社会层面上对体育运动的推广、体育精神的传播和价值观的引导起到积极的作用。

总的来说，虚拟性是体育艺术的重要特征之一，它使体育艺术能够在创新和表现力上超越现实生活的限制，同时也使观众能够从中获得更深层次的审美享受和精神启发。然而，体育艺术的虚拟性并不意味着脱离现实，相反，它应该是建立在对现实生活的深刻理解和感知的基础上，通过艺术的手法来丰富和拓展现实生活的意义。

二、体育艺术的情感特征

在讨论体育艺术的情感特征时，我们必须先对"情感"本身进行理解。情感并非单纯的感觉反应，而是一个复杂的心理现象，包括个人对某个对象、事件或现象的主观体验、态度以及行为倾向。情感作为艺术创作的核心驱动力，蕴含在艺术作品的每一个细节中，从而实现了艺术家与观众的情感交流。在体育艺术中，情感特征也起着关键的作用。

艺术家在塑造体育艺术形象时，不仅仅是将自己的情感体验注入作品，同时也在表达他们对于体育活动的理解和感受。当观众欣赏这些作品时，他们不仅会欣赏到艺术家的技艺，更会通过作品体验到艺术家的情感世界，以及他们对体育运动的独特理解。

（一）情感特征使得体育艺术与科学研究有所不同

情感特征是体育艺术与科学研究之间的重要区别。虽然科学研究和体育艺术都是人类认知和表达的方式，但它们在目的、方法和表现形式上存在明显的差异。

首先，科学研究的目的是揭示客观规律和事实，通过实证和证据来支持结论。科学研究强调客观性和客观事实的验证，尽量排除主观因素的影响。研究者追求事实和真理，关注的是普遍性和普适性。

相比之下，体育艺术更注重个人的情感体验和主观感受。艺术家将自己的情感和体验融入创作中，通过艺术作品表达自己的情感世界和艺术观点。体育艺术注重个体的独特性和主观感受，关注情感的传递和共鸣。它强调艺术家的主观创造和表达，通过情感的表达和共鸣与观众进行情感交流。

其次，科学研究侧重于客观数据和实证研究方法。科学研究者通过观察、实验、统计和分析等方法收集和处理客观数据，以得出科学结论。科学研究强调实证性和可重复性，追求客观真实和科学证据。

与之相对，体育艺术更倾向于主观表达和情感的艺术化呈现。艺术家通过艺术形式的选择和创造，运用象征、隐喻、抽象等艺术手法来表达情感和意境。艺术家通过情感的体验和表达来打动观众，让观众产生情感共鸣和思考。体育艺术强调情感的独特性和个人化，通过情感的艺术化呈现创造出独特的艺术体验。

此外，科学研究和体育艺术在表现形式上也存在差异。科学研究通常以逻辑性和理性为基础，追求理性的分析和推理。研究结果通常以报告、论文和实验数据等形式进行传播。而体育艺术更注重直观和感性的表达方式，通过视觉、听觉、动作等艺术形式进行传达。体育艺术借助具体的形象和情感的表达来激发观众的感知和情感共鸣。

综上所述，情感特征使得体育艺术与科学研究有所不同。体育艺术注重个人的情感体验和主观感受，将艺术家的情感逻辑和生活逻辑融合在作品中，通过情感的表达和共鸣与观众进行情感交流。相比之下，科学研究强调客观性和客观事实的验证，追求客观规律和普适性的揭示。两者在目的、方法和表现形式上存在明显的差异，体现了体育艺术作为一种情感表达和体验的独特特征。

（二）体育艺术的情感特征也源自于体育运动本身

（1）体育艺术的情感特征源自体育运动本身。体育运动是一种情感丰富、充满激情的人类活动，它引发了运动员和观众的强烈情感体验。这些情感体验在体育艺术中得到了升华和表达，通过艺术作品的创作和欣赏，观众能够深刻地感受到运动员的精神世界和情感波动。

（2）当运动员在赛场上挥洒汗水，面对挑战和困难展现出坚韧不拔的精神，这种坚韧的情感体验通过艺术的形式得以表达和传递。艺术家通过绘画、摄影、雕塑、舞蹈等艺术形式，将运动员在运动中所展现出的力量、速度和动态美通过形象化的手法呈现给观众。观众在欣赏这些艺术作品时，能够感受到运动员所经历的体力和意志的考验，从而产生情感共鸣和感动。

（3）体育运动中还蕴含着勇气和冒险的情感特征。运动员在挑战自我的过程中，需要克服内心的恐惧和不安，勇往直前。这种勇气的情感体验也可以在体育艺术中得以表达和传递。艺术家通过艺术形式的选择和创造，通过色彩、线条和形状的运用，将运动员在关键时刻所展现出的勇敢和决心表现得淋漓尽致。观众在欣赏这些作品时，能够感受到运动员所具备的勇气和冒险精神，激发起自己内心中的积极情感和勇气。

（4）体育运动中的毅力和团队精神也是体育艺术情感特征的重要体现。运动员在训练和比赛过程中，需要付出持续的努力和毅力，面对各种困难和挑战。他们通过个人的努力和团队的合作取得成功，这种团队精神和合作意识也成为体育艺术中情感表达的重要元素。艺术家通过艺术形式的选择和创造，通过形象和符号的运用，将运动员在团队合作中所展现出的团结和协作精神传达给观众。观众在欣赏这些作品时，能够感受到运动员之间的默契和团队力量，激发起自己对于团结合作的情感共鸣和赞赏。

综上所述，体育艺术的情感特征源自于体育运动本身。体育运动所引发的坚韧、勇气、毅力和团队精神等情感体验在艺术作品中得到了表达和传递，使观众能够通过艺术作品感受到运动员的精神世界和情感波动。这种情感交流和共鸣使体育艺术成为一种深具感染力和表现力的艺术形式，能够触动人们内心深处的情感，并激发起积极的情感体验和反思。

（三）情感在体育艺术创作和欣赏中起着至关重要的作用

情感在体育艺术创作和欣赏中起着至关重要的作用。在艺术创作过程中，情感是艺术家不断寻求新的创作思路、保持创作激情和冲动的驱动力。艺术家通过情感的表达和传递，将自己内心深处的情感体验转化为艺术作品中的形象、色彩、音乐、动作等元素。情感的驱动使艺术作品充满了情感的力量和共鸣，从而引发观众对作品的情感共鸣和反思。

在艺术欣赏过程中，情感起着重要的作用。观众在欣赏艺术作品时，通过感知、理解和感受作品中所蕴含的情感，与艺术家进行情感上的交流和连接。观众的情感体验与艺术家的情感表达相互作用，共同构建起对作品的理解和感知。情感帮助观众更好地理解和感受艺术作品中所传递的深层意义和情感内涵，使他们能够与作品产生共鸣，激发起自己内心的情感共鸣和反思。

一个典型的例子是2006年都灵冬奥会开幕式的和平鸽表演。这场表演通过人体组合和立体空间的表现形式，塑造了一个充满力量和激情的和平鸽形象。这个和平鸽形象不仅仅是对和平的热切向往的表达，更体现了艺术家对奥林匹克精神的深刻理解。每一个参与表演的人都成为这个和平鸽形象的一部分，他们通过自己的身体语言和动作，表达了对和平、力量、速度和梦想的情感寓意。观众在欣赏这场表演时，不仅可以欣赏到精彩的技巧表演，更能够感受到艺术家和表演者的情感波动，与他们建立起情感上的联系。

总的来说，情感在体育艺术创作和欣赏中起着重要的作用。情感驱动艺术家的创作激情和冲动，使艺术作品充满情感的力量和共鸣。观众通过与艺术作品中所传递的情感进行交流和连接，与作品产生情感共鸣和反思。体育艺术的情感特征使得作品充满人性化的元素，让人们在欣赏过程中得以深入体验运动员和艺术家的情感世界，从而赋予体育艺术更深层次的意义和影响力。

三、体育艺术的审美特征

（一）体育艺术审美性的内在属性与外在表现

体育艺术审美性的内在属性和外在表现是一个复杂而深奥的话题。首先，我们需要理解审美性是艺术的根本特征，并且这一特性在体育艺术中也被充分体现。

体育艺术的审美性的内在属性可以追溯到人类对美的理解和追求。其中涵盖了西方的理念美观点，如柏拉图的"美是理念"；东方的观点，认为"美是自然"；强调和谐的古典观念，即"美是和谐"；现代艺术理论中强调表现和创造的观念。这些理念在体育艺术中被实际体现，如通过运动员的身体语言、运动的节奏和动态以及运动所带给观众的感觉，都是艺术美的内在属性的体现。

对于体育艺术的审美性的外在表现，我们可以从艺术形象、样式和艺术风格、形态等方面进行解读。例如，运动员在比赛中的精神风貌、运动动作的美感以及体育比赛的规则、场地等，都是体育艺术的审美性的外在表现。

在体育艺术中，审美性的内在属性和外在表现的关系是密切且互动的。运动员的艺术表现是内在审美性的体现，同时，他们的表现也会影响到观众对于比赛的外在审美感受。例如，当一个运动员在比赛中表现出高超的技巧和强烈的竞争精神，他的内在审美性就会通过他的表现体现出来，观众通过欣赏运动员的表现，也会感受到这种内在的美。

此外，体育艺术的审美性还表现在其能够满足人们的审美需要。人们在欣赏体育比赛的过程中，不仅可以体验到运动员的艰辛和奋斗，同时也可以体验到体育比赛所带来的快乐和刺激，从而满足了他们的审美需求。总的来说，体育艺术的审美性的内在属性和外在表现是相辅相成的。

（二）区别于内容美的艺术美

在谈论艺术美的时候，我们必须意识到，艺术美并不仅仅是内容美。内容美是指艺术作品表达的主题、理念和价值观的美。然而，艺术美还包括形式美，即艺术作品的结构、设计和组织方式的美。

首先，内容美确实在社会生活中占据了广泛的位置，尤其是那些与道德生活相连的对象，如人格美和人物美。内容美是一个非常重要的审美对象，是艺术活动中不可忽视的一部分。然而，仅仅局限于内容美，只关注作品所传达的主题和价值，会忽略艺术美的其他重要方面。

艺术美的另一个重要组成部分是形式美，它关注的是艺术作品的结构、设计和表达方式。在体育艺术中，形式美可以表现为运动员的动作设计、比赛的组织方式，甚至包括体育比赛场地的设计等。与内容美相比，形式美更注重的是艺术作品的创新性、独创性和表现力。

形式美和内容美在艺术作品中是相互交织的，形式美往往会强化内容美的传达，而内容美也会对形式美产生影响。然而，我们不能将这两者简单地等同起来。如果过分强调内容美，可能会限制艺术作品的创新空间和表现力，甚至可能削弱形式美的重要性。同样，如果过分强调形式美，可能会使艺术作品失去其传达主题和价值观的能力。

在体育艺术中，我们需要平衡形式美和内容美，让它们在艺术作品中和谐共存。我们需要欣赏体育艺术中的内容美，也要欣赏其形式美。只有这样，我们才能真正欣赏到体育艺术的全面美，才能真正理解和欣赏体育艺术的审美价值。

（三）区别于形式美的艺术美

艺术美并不仅仅是形式美。尽管形式美在艺术作品中占据了重要的地位，但它并不能涵盖艺术美的全部。在此之外，艺术美还包括了内容美和精神美等多种元素。

形式美是指艺术作品的结构、设计和表达方式的美。然而，形式美并不仅仅存在于艺术中，它也广泛存在于我们的日常生活和自然世界中。比如，生活中的器物、建筑物的设计、自然世界中的动植物等，都能够体现出形式美。然而，这些形式美并不能等同于艺术美。

艺术美是由艺术家的审美思想和创造力赋予的美。艺术家通过他们的创作，不仅创造了作品的形式，也赋予了作品内容和精神。这就是为什么艺术美比形式美更为复杂、更为丰富的原因。艺术美不仅体现在作品的形式上，也体现在作品的内容和精神上。比如，在体育艺术中，艺术美不仅体现在运动员的动作设计和比赛的组织方式上，也体现在运动员的精神状态和比赛的情感内涵上。

因此，我们不能简单地将艺术美等同于形式美。如果只注重形式美，忽视了内容美和精神美，那么就可能会忽视艺术作品的深层价值，降低了艺术作品的审美价值。同样，如果过分强调内容美和精神美，忽视了形式美，那么就可能会削弱艺术作品的视觉效果和感染力。在欣赏艺术作品时，我们需要平衡形式美、内容美和精神美，全面地欣赏和理解艺术美。

（四）艺术是人类审美意识的集中体现

艺术确实是人类审美意识的集中体现，它不仅是人类审美体验的产物，也是人类审美精神的具体化。通过艺术，我们可以感知、理解、表达和共享人类的审美价值，这其中包括对美的追求、对和谐的向往、对创新的渴望以及对情感的表达等。

艺术体现了人类对美的理解和体验。每一种艺术形式，无论是绘画、雕塑、音乐、舞蹈，还是体育艺术，都是艺术家对美的独特理解和表达。通过他们的作品，我们可以看到他们对美的深度理解，感受到他们对美的热爱和追求。

艺术也体现了人类的审美情感和情绪。艺术作品不仅是美的表现，也是情感的表达。艺术家通过他们的作品，将他们的情感和情绪转化为具有审美价值的艺术形象，使观众能够感受到他们的情感，引发观众的共鸣。

艺术还体现了人类的审美创新和探索。艺术家通过他们的创新和探索，不断扩大和深化我们对美的理解和体验。他们通过他们的作品，开创新的审美视角，发现新的审美形式，提出新的审美理念，推动审美文化的发展。

艺术在体育中同样有所体现。体育艺术通过精确的技巧、优美的动作和合理的策略，展现了人类对健康、力量和优美的追求，满足了人们对于挑战、胜利和荣耀的欲望，激发了人们对于比赛、团队和公正的热情。体育艺术不仅展现了运动员的身体素质和技能水平，也表达了他们的精神状态和情感经历，体现了他们的审美价值和人生观。

总的来说，艺术是人类审美意识的集中体现，它是人类审美活动的产物，也是人类审美精神的具体化。无论是在哪种文化背景下，无论是在哪个时代，艺术都是人类审美体验的重要途径，是人类审美精神的重要载体。

四、体育艺术的形象特征

（一）具体的感知性

1. 具体的感知性的作用

体育艺术的形象特征之一是其具体的感知性，这一特征在其他艺术形式中无法替代。具体的感知性强调了体育艺术作品的直观性和感性，不仅在作品的具体呈现方式上体现，而且进一步体现在体育艺术对观众审美体验的影响中。

（1）体育艺术的具体的感知性使得观众能够直接感受到运动的力量和美感。当观众欣赏一场精彩的体育比赛时，他们能够亲身体验到运动员的力量、速度和灵活性，以及比赛的紧张氛围和情绪起伏。这种直接的感受使观众与体育艺术作品产生更为深入的联系，使其对作品产生共鸣和情感上的参与。

（2）体育艺术作品的具体表现形式也体现了其感知性。例如，一幅绘画作品可以通过生动的线条和色彩展现出运动员的动态形象；一部舞蹈作品可以通过舞者的优美姿态和舞蹈动作传递出运动的力量与美感；一首音乐作品可以通过节奏和旋律表达出比赛的紧张与激情。这些具体的表现方式使观众能够直观地感知到体育艺术作品所传递的信息和情感。

（3）体育艺术的具体的感知性也对观众的审美体验产生重要影响。观众在欣赏体育艺术作品时，往往能够身临其境地感受到运动的魅力，从而获得愉悦和满足的审美体验。体育艺术作品所展示的力量、速度、协调以及运动员的技艺和毅力，都能够激发观众的情感共鸣，并带给他们一种身心的愉悦感。观众通过感知体育艺术作品，不仅可以欣赏运动的美丽，还可以从中获得一种积极向上的能量和精神的启发。

2. 具体感知性体现

（1）具体感知性体现在体育艺术形象的具体性上。每一场体育比赛，每一种体育动作，都是具体且独特的。他们以独特的形象展现在观众的视觉、听觉、触觉等感官前。这种具体的形象，不仅展现了体育运动本身的真实状态，也展现了体育艺术创作者对运动的理解和感悟。通过这些具体的形象，观众能直观地感知和理解体育艺术的美感和情感。

（2）具体感知性体现在体育艺术形象的直观性上。体育艺术形象以直观的方式展现，不需要通过复杂的推理和分析，即可引发观众的审美体验和情感反应。这种直观的体验常常让观众在欣赏体育艺术作品时，产生"一见倾心""瞬间被打动"的感受。这种直观性的体验使得体育艺术能直接触动观众的情感，深深地打动他们的心灵。

（3）具体感知性体现在体育艺术形象的感性上。体育艺术形象不是理性的、分析的，而是感性的、体验的。观众在欣赏体育艺术作品时，不是通过理性思考和分析，而是通过感性的体验和感受来领悟和理解体育艺术的美感和情感。这种感性的体验让人们能直接感受到体育艺术的魅力，体验到体育艺术创作者的创作精神，感受到体育艺术的生命力。

（二）形象的概括性

体育艺术并非生活的单纯复制，而是借由艺术家的选择、提升以及加工过程中，将那些最能反映事物本质、最富有艺术表现力、最能触动人心的场景和细节显现出来。这些选择基于对生活的深度理解，和对其普遍性和必然性的洞察，从而赋予艺术形象以概括性。

艺术概括性在于艺术家根据自己的经验和认知，对特定的事物进行独特的处理，创造出既具有独特个性又具有普遍性的艺术形象。这种处理并非简单地复制生活的特例，而是在主观与客观的统一基础上，使形象显现出更深远的意义。这种艺术形象的创造原则使得艺术作品具有更高的真实性，从而产生强大的艺术效果。

艺术概括的方法多样，主要有两种。一种是在广泛的生活材料中提炼和集中，从中选取最能反映主题的元素，如鲁迅所说的"杂取种种人，合成一个"。另一种方法是以一个生活原型为主，同时吸收其他生活材料的元素，这在体育艺术作品中非常常见。但无论采用何种方法，艺术概括都要求对生活材料的选择、提炼、加工与改造，这是由艺术家的主观意识和对客体的把握过程决定的。

艺术概括与科学概括虽然同样需要对生活的把握和理解，但是它们有本质上的区别。科学概括的结果是抽象的结论，而艺术概括则始终保持对具体、可感知的形象的关注。艺术概括的目标是将普遍性的本质特征集中在个别的对象上，通过个别展现一般。

在艺术创作中，如果没有高度的艺术概括力，很难塑造出鲜明、突出的艺术形象。反过来，如果要从生活的真实达到艺术的真实，也必须经过艺术的概括。

总的来说，具体可感性和概括性是构成艺术形象的两个不可或缺的元素，它们在艺术形象中有机结合，既彼此独立，又彼此融合。只有具体可感性，没有概括性，艺术形象就会陷入生活原型的直接模仿；只有概括性，没有具体可感性，艺术形象则无法存在。因此，完美的艺术形象应是具体可感性和概括性的完美统一。

五、体育艺术的主体特征

体育艺术作为一种特殊的社会意识形态，其主体性特征在艺术生产过程中得到明显体现，以下分别进行论述。

（一）体育艺术创作具有主体性的特点

首先，体育艺术创作是从社会生活中获取灵感和动机的，因此它依赖于社会生活作为创作的源泉。艺术家在体育艺术创作中通过感知和观察社会生活，获得创作的动力和素材。这种依赖关系使得社会生活成为艺术创作不可或缺的组成部分。

然而，体育艺术创作并不仅仅是对社会生活的简单模仿或再现，而是具有创造性和创新性的融合。艺术家作为创作主体，在体育艺术创作中发挥着决定性的作用。体育艺术作品的创造并非被动地反映社会生活，而是艺术家主动地将自己的思想情感融入创作中。艺术家通过个人的创造性劳动，将主观的思想、情感、意识等因素转化为艺术作品的具体表现形式。因此，体育艺术创作具有主体性的特点，体现在创作主体的能动性和独创性上。

体育艺术创作的主体性是因为体育艺术生产是一种特殊的精神生产。与动物的生产活动不同，人的生产是一种自觉的劳动，能够按照不同物种的标准进行创造。艺术创作作为精神生产的一种形式，更加突出了主体性的特征。艺术家在创作过程中能够将内在的思想和情感融入作品中，将自己的审美体验、理想追求以及个人的艺术风格表达出来。艺术家对世界的选择、提炼、加工和改造，体现了其创作活动的能动性。

此外，体育艺术创作还表现出独创性的特点。优秀的体育艺术作品凝聚了艺术家独特的审美体验和情感，带有艺术家个人的主观色彩与艺术追求。每件艺术作品都具有艺术家鲜明的创作风格和艺术个性，展现出强烈的创造性和创新性。艺术家通过创造性的劳动，将自己的主体性与艺术作品的客观表现形式有机地结合，创造出独具个性的艺术作品。

总而言之，体育艺术的主体性是其基本特征之一。体育艺术创作体现了艺术家在创作活动中的能动性和独创性，使得作品不仅仅是对社会生活的简单反映，而是具有个性化的创造性和创新性。体育艺术创作的主体性贯穿于整个艺术生产过程，包括艺术家的创作活动、艺术作品的形成以及观众的欣赏体验，使体育艺术成为独特而丰富的文化表达形式。

（二）体育艺术作品具有主体性的特点

体育艺术作品具有主体性的特点是因为艺术家作为创作主体在创作过程中发挥着决定性的作用。艺术家通过对生活的独到发现和深刻理解，将个人的思想、情感和审美体验融入作品中，赋予作品独特的艺术风格和美学追求。这种主体性使得体育艺术作品成为独一无二、不可复制的艺术创作成果。

在体育艺术创作中，独创性是一种重要的表现形式。与物质生产不同，艺术创作的产品具有独特性和个性化。每位艺术家都有自己独特的视角、经验和审美观，因此他们在创作过程中呈现出不同的艺术表达方式和艺术语言。即使是在相同的题材或取材范围下，不同的艺术家也会创造出截然不同的作品。这是因为艺术家通过个人的创造性劳动，将自身的思想、情感和独特的艺术追求注入作品中，使其具有个人的主观烙印和独特的艺术个性。

体育艺术作品的独创性不仅体现在其形式和表现手法上，还体现在其创新性和创造性特点上。艺术家通过创造性的思考和创新的表现方式，赋予作品新的内涵和意义。他们可能会采用新颖的构图、独特的表现手法，或者将不同的艺术元素进行融合，创造出令人惊叹的艺术效果。艺术家的创新性和创造性使得体育艺术作品成为文化创意的重要表现形式，为观众带来全新的审美体验和思考方式。

此外，体育艺术作品的主体性还表现在其与艺术家个人经历、文化背景和社会环境的紧密联系上。艺术家的个人经历和思想对作品的内容和形式产生重要影响。他们可能通过作品表达自己对社会现象、人生体验和价值观的思考，反映个人的情感体验和情感共鸣。体育艺术作品中体现出的主体性特征，正是艺术家作为创作主体在作品中对个人与社会的主观态度和审美理想的表达。

综上所述，艺术家作为创作主体，通过独创性和创造性的劳动，在作品中展现出个人的思想、情感和审美追求，赋予作品独特的艺术风格和美学价值。这种主体性使得体育艺术作品成为不可复制和独一无二的艺术创作成果，体现了艺术家在体育艺术领域中的重要地位和作用。

（三）体育艺术欣赏具有主体性的特点

体育艺术欣赏具有主体性的特点，这是因为欣赏主体在审美活动中发挥着决定性的作用。美感的个性特征和个人的审美能力使得每个欣赏者在对艺术作品的感受上形成鲜明的个性差异，从而赋予艺术欣赏活动以个人化的烙印。

  艺术欣赏中的个性差异是普遍存在的现象。正如俗话所说，"有一千个读者，就有一千个哈姆雷特"。这意味着同一件艺术作品在不同的人眼中具有不同的价值和感受。在艺术欣赏过程中，欣赏主体与艺术作品之间存在相互作用的审美主客体关系。虽然艺术作品作为客观存在的审美客体是艺术欣赏的前提，但欣赏主体并不是被动地反映或消极地接受。在心理层面上，欣赏主体经历着复杂的心理过程，包括感知、理解、情感、联想和想象等多种心理因素的自我协调活动。欣赏主体不仅仅是对艺术作品的感知，同时也是对艺术作品进行主动的改造和加工的过程。根据自身的生活经验、兴趣爱好、思想情感和审美理想，欣赏主体对作品中的艺术形象进行重新创造和评价，从而完成、实现、补充和丰富艺术作品的审美价值。因此，可以看出，在艺术欣赏活动中，欣赏主体和艺术作品之间存在一种相互作用的关系。一方面，艺术作品引导欣赏者进入作品所规定的艺术境界；另一方面，欣赏主体根据自己的审美理想和感受能力对作品中的艺术形象进行改造和加工。总而言之，艺术欣赏的本质是一种审美的再创造。

  主体性贯穿于体育艺术的整个生产活动过程，包括艺术创作、艺术作品和艺术欣赏。艺术创作的主体性体现在艺术家将个人的思想、情感和艺术追求融入作品中，赋予作品独特的创造性和创新性。艺术作品作为创作主体的产物，展现了艺术家的独特视角和个性化的审美体验。而在艺术欣赏中，欣赏主体的主体性表现为个体对作品的主观感受、个人审美情趣和个人的再创造能力。每个欣赏者都根据自己的背景、经验和审美观点，对作品进行个性化的感知、理解和评价，从而为作品赋予多样化的意义和价值。

  综上所述，欣赏主体在艺术欣赏活动中发挥着决定性的作用，其个人的生活经验、审美能力和审美理想赋予了艺术欣赏以个性化的烙印。艺术作品和欣赏主体之间形成相互作用的关系，使欣赏主体能够通过个人的再创造和评价为作品赋予多样化的审美价值。体育艺术欣赏的主体性特征丰富了艺术领域，为欣赏者带来了独特而丰富的审美体验。

第二节　体育艺术的功能

一、体育艺术的审美功能

体育艺术的审美功能使其成为一种能够引发深层次审美感受和体验的自由活动。作为一种人生和历史的感性化表现，体育艺术作品通过独特的艺术形象和意境，让人们获得一种替代性的满足。体育艺术作品不是仅仅追求目的性的概念思维活动，而是通过情感和想象的结合，呈现出丰富的审美意境。

体育艺术作品传达艺术家的情感世界，并展示艺术家的个性和生活状况。艺术家的个性和生活经历是他们艺术创作情调的重要源泉，通过作品，我们能够深入了解艺术家的情感体验和人格魅力。体育艺术作品通过艺术家的表达，将情感和意境融入其中，从而激发观众更深层次的情感共鸣和体验。

不同的体育艺术作品在不同的时间、地点、情境和景观中，呈现出多样化的审美形态。相同的自然景观或艺术形象，在不同的观赏者心境和角度下，会映射出不同的意境和情感表达。体育艺术作品具有丰富的变化性，因此每个欣赏者都能够从中获得个性化的审美体验，因人而异地感知作品所呈现的审美意境。

艺术家将自己的审美情感赋予对体育艺术形象的感性认识中，并对艺术对象的特征进行概括和肯定。通过欣赏艺术品，观众可以进入艺术家所呈现的生活和情感体验状态，从而使不同个体的心灵和思想相通和一致。体育艺术作品具有情感导向和调控的作用，可以对人的情感产生影响，使人的精神境界发生变化。通过与艺术作品的互动，观众能够沉浸于艺术的世界中，感受到艺术所带来的愉悦、激发和启迪。

综上所述，体育艺术作为一种自由活动具有审美功能，能够引发深层次的审美感受和体验。艺术作品通过情感和想象的表达，让观众深入了解艺术家的情感世界和个性特征。体育艺术作品的审美意境因人而异，能够为不同的观众带来个性化的审美体验。此外，体育艺术作品还能够对观众的情感产生导向和调控的作用，使其精神境界得到提升和改变。体育艺术作为一种具有审美功能的艺术形式，对于社会生活具有深远的影响和意义。

二、体育艺术的认识功能

体育艺术具有独特的认识功能，体现在对社会、历史和人生的认识以及对自然世界的认识两个方面。这一观点早在中国先秦时代的孔子就提出了，并强调了艺术在认识社会和自然方面的重要作用。

首先，体育艺术通过生动、形象的方式帮助人们认识社会、历史和人生。艺术作品通过艺术家的创作表达社会生活的方方面面，使观众能够深入感知和理解社会现实、人性和历史进程。艺术作品中的形象和情感传递了对社会现象和人类生活的独特见解，帮助人们拓宽对社会的认识和理解，引发对社会问题的思考和探讨。此外，艺术作品还能够通过情感共鸣和情感交流，加深人们对人类情感和人际关系的认识。

其次，体育艺术也具有认识自然世界的功能。艺术家通过自己的感知和想象力，将自然界中的事物和现象转化为形象化的艺术作品。通过艺术作品，人们能够感受到自然界的美、神奇和无穷的力量，深入体验自然的奥秘和精神层面。艺术作品可以通过艺术家的视角和表达方式，帮助人们更深入地认识和感悟自然界的本质和规律。艺术作品中的自然元素和意象使观众能够通过审美的方式与自然相互联系，从而拓展对自然的认识和体验。

体育艺术的认识功能是以其独特的审美属性为前提的。艺术以形象化、艺术化和审美化的方式感知和体验对象，通过艺术家个人的主观思想、情感和想象力去理解和感悟对象的本质、必然性和永恒性。艺术的认识方式与科学认识有根本的区别，艺术通过感性和情感的表达方式来触发人们的共鸣和思考。虽然艺术的认识功能涉及与自然科学和社会科学相似的认识范围，但其认识方式与科学有着根本的差异。

然而，需要明确的是，艺术的认识功能并不能取代自然科学和社会科学的认识功能，更不能无限夸大其认识的能力。艺术的认识功能是基于其审美属性的，它与科学认识相辅相成，各自发挥着不可替代的作用。艺术和科学在认识世界和揭示真理方面各有侧重，共同构成了人类对世界的多维度认知和理解。因此，应当将艺术的认识功能视为一种补充和丰富，而非取代科学的认识功能及其价值。

三、体育艺术的教育功能

体育艺术具有丰富的教育功能，它通过艺术作品的表现和艺术家的情感传递，不仅让人们深刻认识生活，还教育人们应如何对待生活，引导人们树立正确的价值观念和人生态度。艺术作品作为生活的教科书，蕴含着艺术家的社会理想、人生追求和思想感情，通过艺术形象的描绘和情感的渗透，改变人们的思想、感情、品德和操守，引导人们树立正确的世界观、人生观、善恶观、是非观、荣辱观和审美观。艺术的教育功能是以情感人、潜移默化和寓教于乐为特点的。

艺术教育与其他教育形式最鲜明的区别在于情感的教育。艺术作品通过艺术家的情感表达和情感感染，以生动感人的艺术描绘作用于观众的情感，使人们在受到感染和熏陶的同时，得到教育的启迪。艺术教育并非干巴巴的道德说教，而是通过情感的激发和共鸣来达到教育的效果。艺术作品在无强制的情况下潜移默化地影响着人们，使人们在自由自愿、不知不觉中受到艺术的感染和教育，从而实现教育效果的稳固性和延续性。同时，艺术的教育功能也是寓教于乐的，将思想教育融入艺术的娱乐和审美中，使人们在欣赏艺术作品的过程中获得精神的快乐和审美的愉悦。

以奥运会中的体育展示为例，通过音乐、舞蹈、灯光等元素的加入，使体育比赛的内涵变得更加多元化。在体育展示中，观众不仅能够感受到体育比赛的激烈与刺激，还能够享受到和谐与愉悦。在北京奥运会期间，啦啦操表演除了传统的啦啦操和吉祥物表演外，还包括了民族舞蹈、杂技、武术和鼓乐表演等具有中国特色的元素。这些现场表演不仅展示了各国的文化特色，也让观众亲身感受到中国文化的魅力和艺术的魅力，从中体会当代中国人的精神风貌和内心情感。通过这样的体育展示，奥运会不仅传播了奥林匹克运动体系的教育、体育和文化观念，也展现了主办国的人文风貌和价值观念。

综上所述，体育艺术具有丰富的教育功能。通过艺术作品和艺术展示，体育艺术能够引导人们树立正确的价值观念和人生态度，激发人们的情感和思考，塑造人们的品德和操守。艺术教育独特的情感教育、潜移默化和寓教于乐的特点使其与其他教育形式有所区别，并且在传播文化、推动社会进步、培养人才等方面发挥着重要作用。

四、体育艺术的娱乐功能

体育艺术在娱乐方面具有重要的功能和意义。艺术作品能够给人们带来一种独特的感官享受和精神愉悦，满足人们精神世界的需求。艺术的娱乐性能够让人们从日常的重复和机械化中解脱出来，为生活增添乐趣和充实感。艺术作为一种娱乐形式，能够促进人们之间的交流和理解，丰富人们的生活体验。

在体育艺术中，啦啦操表演是一种形体美的展示，通过队员们匀称的骨骼、健康的肤色、优美的线条、健美的肌肉以及灵巧的肢体动作，带给观众视觉上的享受。这种感官上的愉悦和享受是艺术作品带来的娱乐性的体现。人类除了基本的生理需求外，还有精神文化方面的需求，而艺术作为一种娱乐形式，能够满足人们的多元精神需求。当前的文化趋势显示出对多样化需求的重视，人们不再仅仅注重道德教育和禁欲式的文化，而是追求满足多方面、多层次需求的娱乐形式。

娱乐活动对于人们的精神再生产至关重要。它能够激发人们潜在的灵性、激情、想象力和无意识的本质力量，展现人们的开放状态。娱乐不再需要用意识形态和道德的面具来掩饰，而是鼓励个体展现自己的真实本性。娱乐具有调节世俗心理的功能，能够让人们放松身心，获得情感的净化和精神的放松与超脱。身心的和谐是参与社会活动的前提，而艺术的娱乐功能正是通过提供愉悦和放松的体验来实现这种身心的和谐。

因此，体育艺术的娱乐功能不可忽视。它能够带给人们感官和精神上的愉悦和享受，满足人们对娱乐的需求，提升生活的质量和丰富人们的精神文化生活。艺术作为一种娱乐形式，能够为人们提供独特的感受和乐趣，促进人们之间的交流与理解，使生活更加丰富多彩。为了让每个人都能够享受到积极、健康的娱乐享受，我们应该尊重人们的娱乐权利，并创造条件使娱乐价值真正融入大众的生活中。

五、体育艺术的社会交流功能

体育艺术的社会交流功能是指通过体育艺术作品的展示和参与，人们能够在情感和思想上相互联系、相互理解，并加强不同群体之间的交流和互动。体育艺术作为一种媒介和平台，能够架起人与人之间的桥梁，促进社会的和谐与团结。

  首先，体育艺术作为一种文化表达形式，具有跨越语言和文化差异的特点。体育艺术作品以形象、音乐、舞蹈等多种艺术元素来表达情感和思想，这使得不同国家和民族的人们能够通过共同的艺术语言进行交流。无论语言是否相通，通过欣赏体育艺术作品，人们可以感受到其中所蕴含的情感和意义，从而增进对他人文化的理解和尊重。

  其次，体育艺术作为一种集体性的活动，可以促进社区和社会团体之间的交流与凝聚力。例如，啦啦操表演是一种集体合作的体育艺术形式，团队成员通过默契的配合和协调，展现出艺术的完美表演。这种团队合作的过程不仅增进了团队成员之间的相互理解和信任，也使得观众能够感受到集体凝聚力的力量，产生共鸣并参与其中。

  第三，体育艺术作为一种公共文化活动，能够促进社会各个群体之间的交流和互动。例如，在体育比赛中的开幕式或中场表演，观众们共同欣赏和参与其中，不论他们的背景和身份如何，都能够通过共同的体育艺术体验来建立情感联系和共同体验的感受。这种共同参与的体验有助于减少社会的隔阂，促进社会的和谐与团结。

  第四，体育艺术还能够促进跨文化交流和文化交融。国际体育比赛和艺术展览等活动为不同国家和地区的人们提供了交流和互动的平台。通过共同参与体育艺术活动，人们能够了解他国的文化、艺术风格和审美观念，拓宽自己的视野，并在交流中加深相互间的友谊和合作。

  第五，体育艺术的社会交流功能在现代社会尤为重要。面对多元化、多样性的社会环境，人们需要通过交流和互动来增进理解、减少冲突。体育艺术作为一种普遍受众参与的文化形式，具有广泛的社会影响力，能够为人们提供一个共同的语言和平台，促进社会的和谐发展。

  总之，体育艺术的社会交流功能通过共同欣赏和参与体育艺术作品，促进人们之间的情感联系和相互理解，加强不同群体之间的交流和互动。体育艺术作为一种跨越语言和文化差异的媒介，能够促进跨文化交流和文化交融。通过体育艺术的社会交流功能，人们能够拓宽视野、增进理解、减少冲突，为社会的和谐与团结做出贡献。

六、体育艺术的社会批判功能

术家可以借助体育艺术的媒介和表现形式,引发观众对社会不公正、不平等、人权问题等的关注和思考,促使社会产生反思和变革的力量。

首先,体育艺术作品可以揭示社会中存在的不公正和不平等现象。艺术家可以通过形象、音乐、舞蹈等艺术元素,以一种富有表现力的方式来呈现社会中的问题和不平等现象。例如,一部关于体育竞技中的种族歧视或性别不平等的艺术作品,可以通过表演和剧情的呈现,引发观众对这些问题的思考和反思,唤起对社会公正和平等的追求。

其次,体育艺术作品可以批判社会的道德和伦理问题。艺术家可以运用体育艺术的表现手法,探讨社会中存在的道德沦丧、权力滥用、腐败等问题,通过对这些问题的批判性表达,引发观众的思考和反思。这种社会批判的艺术作品可以激发观众对社会伦理和价值观念的思考,促使社会对不良现象进行改变和纠正。

第三,体育艺术作品可以唤起观众对人权和社会正义的关注。艺术家可以通过对体育运动中存在的不公正、违背人权的现象进行揭示和批判,引发观众对人权问题的关注和思考。这种社会批判的艺术作品能够唤起社会对人权的重视,推动社会建立更加公正和平等的价值体系。

第四,体育艺术的社会批判功能在现代社会中具有重要意义。它能够通过艺术的表达和表现力量,引发观众的思考和反思,唤起对社会问题的关注和讨论。通过体育艺术作品的社会批判,人们能够认识到社会中存在的问题和不公正现象,进而推动社会的变革和进步。

总之,体育艺术的社会批判功能通过对社会现象和问题的艺术表达来进行社会批判和反思。艺术家通过体育艺术作品,揭示社会中的不公正和不平等现象,批判社会的道德和伦理问题,唤起观众对人权和社会正义的关注。这种社会批判的艺术作品能够引发观众的思考和反思,推动社会的变革和进步。体育艺术的社会批判功能在促进社会的公正、平等和进步方面发挥着重要作用。

七、体育艺术的情感表达功能

体育艺术的情感表达功能是指通过艺术作品的创作和欣赏,人们能够表达和体验各种情感和情绪。艺术家通过体育艺术作品的形象、音乐、舞蹈等艺术元素，传递出自己的情感和意境，观众在欣赏作品时能够感受到艺术家所表达的情感，并通过情感共鸣和宣泄，寻求情感上的满足和释放。

首先，体育艺术作品能够激发观众的喜悦和愉悦之情。欣赏体育艺术作品的过程中，人们可以通过艺术家的表现和创造力，感受到活力、快乐和幸福的情感。例如，观看一场精彩的舞蹈表演或体育赛事，观众可能会因为艺术家的优美动作、音乐的节奏和现场气氛而感受到愉悦和兴奋。

其次，体育艺术作品能够唤起观众的共鸣和情感共享。艺术家通过作品的创作和表现，将自己的情感与观众进行情感交流和共鸣。观众在欣赏作品时，能够与艺术家产生情感的共振，感受到作品所传递的情感和情绪。这种情感共享的体验可以促使观众更好地理解自己的情感，并与他人建立情感上的联系。

第三，体育艺术作品也能够成为人们情感宣泄和释放的出口。在生活中，人们可能会积累各种情感和压力，而体育艺术作品可以提供一个情感宣泄的空间。观众通过欣赏艺术作品，可以将自己的情感投射到作品中，通过作品的表达和反映，找到情感上的共鸣和宣泄，从而减轻压力和获得情感的舒缓和释放。

总之，体育艺术的情感表达功能使人们能够通过作品的创作和欣赏来表达和体验各种情感和情绪。艺术家通过作品的创作和表达传递自己的情感和意境，观众在欣赏作品时能够感受到艺术家所表达的情感，并通过情感共鸣和宣泄，寻求情感上的满足和释放。体育艺术作品成为人们情感表达的媒介，为人们提供了情感交流、情感共享和情感宣泄的途径。

八、体育艺术的文化传承功能

体育艺术的文化传承功能是指通过艺术作品的创作和演示，体育艺术能够传承和弘扬特定文化的价值观、信仰、历史和传统，保护和传承文化遗产，促进文化多样性的发展和保护。

首先，体育艺术作为一种文化遗产和传统形式，承载着特定文化的价值观和信仰体系。通过艺术作品的创作和演示，体育艺术能够传达和弘扬特定文化的核心价值观，如团结、友爱、勇敢、公平等。例如，传统的民间舞蹈或武术表演体现了特定文化对和谐、自律和尊重的重视，通过艺术形式的传承和演示，将这些价值观传递给后代，并在社会中产生积极的影响。

其次，体育艺术能够通过作品的创作和演示来呈现历史和传统文化。艺术家可以通过体育艺术作品的形象、音乐、舞蹈等艺术元素，重现历史事件、古代传说和民间故事，向观众展示特定文化的历史渊源和传统文化的精髓。这样的传承可以使人们对自己的文化传统有更深入的了解，并激发对历史和文化的尊重和热爱。

第三，体育艺术的文化传承功能还包括对文化遗产的保护和传承。许多体育艺术形式都是源自特定地区的传统文化，如民间舞蹈、传统音乐、戏剧等。通过艺术家的创作和传承，这些传统艺术形式得以保护和传承，防止其逐渐消失或被遗忘。同时，艺术家也会在传承的过程中注入创新和现代元素，使传统文化与现代社会相结合，保持其活力和吸引力。

第四，体育艺术的文化传承功能促进了文化多样性的发展和保护。不同地区和民族拥有各自独特的体育艺术形式和文化传统，通过艺术作品的传承和演示，不仅保护了各种文化的独特性，也促进了不同文化之间的交流和理解。这样的传承和保护有助于维护和发展世界各地的文化多样性，使人们能够更好地认识和尊重其他文化，并促进文化的和谐与共融。

综上所述，体育艺术的文化传承功能通过艺术作品的创作和演示，传承和弘扬特定文化的价值观、信仰、历史和传统，保护和传承文化遗产，促进文化多样性的发展和保护。这一功能使人们能够更好地了解自己的文化传统，尊重和欣赏其他文化，并促进文化的传承与创新。

九、体育艺术的激励和鼓舞功能

体育艺术的激励和鼓舞功能是指通过艺术作品中展示的勇气、坚韧、团结等精神品质，激发观众的斗志和进取心，鼓舞人们面对挑战和困难时保持积极的态度和行动。

首先，体育艺术作品常常通过展示运动员的英勇和奋斗精神来激励和鼓舞观众。体育运动本身就要求运动员克服困难、追求卓越，在压力和挑战面前保持勇气和坚韧。艺术作品可以通过描绘运动员的努力、拼搏和战胜困难的故事，向观众传递积极的能量和勇气。观众在欣赏这样的作品时，会被激发出自己内心深处的斗志和进取心，鼓舞自己在生活中面对困难时勇往直前。

其次，体育艺术作品还能够通过团结和协作的展示来激励人们。团队合作是体育运动中至关重要的因素，艺术作品可以通过呈现团队的默契配合、共同努力和共同成就，激发观众对团结合作的重视和认同。这样的展示可以鼓舞人们在集体中发挥自己的作用，推动团队的发展和成长，同时也激励个人在社会生活中以积极的态度与他人合作，追求共同的目标。

第三，体育艺术作品还可以通过展示运动精神和胜利的喜悦来鼓舞人们。艺术作品可以通过形象、音乐、舞蹈等艺术手段，再现体育比赛中的激烈竞争和胜利的喜悦，激发观众对胜利和成功的渴望和追求。观众在欣赏这样的作品时，会感受到胜利的喜悦和成就感，从而被鼓舞起来，勇于面对生活中的挑战，追求自己的目标。

总体来说，体育艺术通过展示运动员的勇气、坚韧、团结等精神品质，激励和鼓舞人们面对挑战和困难时保持积极的态度和行动。观众在欣赏体育艺术作品时，会被作品中传递的积极能量所感染，从而激发出自己内在的斗志和进取心。这样的激励和鼓舞可以促使人们在生活中克服困难，追求卓越，实现自身的成长和发展。

十、体育艺术的美学教育功能

体育艺术的美学教育功能是指通过艺术作品的欣赏和分析，培养人们的审美能力和艺术鉴赏力，提升个体对美的感知和理解能力，培养对美的追求和创造力。

首先，体育艺术作品本身具有丰富的审美特点，通过对这些作品的欣赏和体验，人们可以培养自己的审美能力。艺术作品中的形象、音乐、舞蹈等元素，以及艺术家对情感、意境的表达方式，都可以引发观众的美感体验。通过欣赏和感知艺术作品中的美，人们可以培养对美的敏感性和辨别力，学会欣赏和理解不同艺术形式中的美学价值。

其次，体育艺术作品可以通过对艺术形式和表现手法的分析，提升人们的艺术鉴赏力。通过研究和理解体育艺术作品中的结构、节奏、动态、色彩等艺术元素，以及艺术家所运用的艺术手法和表现技巧，人们可以更深入地理解艺术作品的内涵和表达方式。这样的分析和研究能够培养人们对艺术形式和表现手法的敏感性和理解能力，提升对艺术作品的鉴赏水平。

第三，体育艺术作品还能够激发人们对美的追求和创造力。艺术作品中所展示的优美形象、和谐结构、动人音乐等，可以激发人们对美的向往和追求。观众在欣赏体育艺术作品时，会对其中所呈现的美感产生共鸣，从而激发自己对美的追求和创造力。这样的追求和创造力不仅可以在艺术创作中得到体现，还可以影响人们在生活中的审美选择和行为，推动社会的美学发展。

总体来说，体育艺术作为美学教育的手段和途径，通过欣赏和分析艺术作品，培养人们的审美能力和艺术鉴赏力，提升个体对美的感知和理解能力，培养对美的追求和创造力。这种美学教育的功能对于个体的全面发展和社会的文化进步都具有重要意义。

十一、体育艺术的社会凝聚功能

体育艺术具有重要的社会凝聚功能，它能够促进社会的团结和凝聚力。以下是一些体育艺术在社会凝聚方面发挥作用的方式：

（1）共同参与和共享体验：体育艺术活动如大型体育赛事、艺术表演和舞蹈演出等，吸引着来自不同社会群体的人们共同参与和观赏。这种共同的体验和参与促进了人们之间的交流和互动，增进了社会成员之间的情感联系。

（2）文化表达和身份认同：体育艺术活动往往承载着特定地区、国家或民族的文化元素和特色。通过体育艺术，人们能够表达和展示自己的文化身份，增强社会成员对于共同文化价值的认同感，从而促进社会的凝聚和稳定。

（3）团队合作和协调能力：体育艺术活动常常需要团队协作和协调，如舞蹈团体的编排、乐队的演奏以及集体体育表演等。在这些活动中，个体需要相互配合和合作，共同创造出艺术的完整表达。这种合作与协调能力的培养有助于促进社会中的团队精神和合作意识。

（4）促进社区互动和社交网络：体育艺术活动通常吸引着大量观众和参与者，他们聚集在一起共同欣赏和参与。这种聚集促进了社区内部的互动和社交网络的建立，为人们提供了交流和认识新朋友的机会，增强了社区的凝聚力。

（5）塑造社会价值观和道德观念：体育艺术活动在表达美感的同时，也传递着积极向上的价值观念和道德观念。通过体育艺术的展示，人们能够感受到团结、友爱、公平竞争等积极的社会价值观，进而影响和塑造个体和社会的道德观念。

总的来说，体育艺术通过共同参与、文化表达、团队合作、社区互动以及传递积极价值观等方式，具有促进社会凝聚的重要作用。它为社会成员提供了共同的情感共鸣和交流平台，加强了社会关系的纽带，进而增进社会的和谐与稳定。

第四章　体育艺术与奥林匹克运动

　　体育艺术与奥林匹克运动之间的紧密关系展现了艺术在体育盛事中的重要性。奥林匹克运动作为全球最重要的体育盛会之一，注重艺术的表现与融合。本章将探讨奥林匹克运动中的美术、音乐艺术以及影视、建筑艺术。通过艺术展览、音乐表演、影视记录和运动场馆的建筑设计，体育艺术与奥林匹克运动相互交融，丰富了运动盛事的文化内涵。深入研究体育艺术与奥林匹克运动之间的关系，有助于理解艺术在奥林匹克理念中的重要地位，同时推动全球体育和艺术领域的交流与发展，促进人类文明的进步与共同发展。

第一节　奥林匹克运动中的美术、音乐艺术

一、奥林匹克运动中的美术艺术
（一）奥林匹克运动中的标志设计
　　奥林匹克运动中的标志设计是奥运会的重要组成部分，它们不仅仅是标识符号，更是承载着丰富的艺术和文化内涵。这些标志设计包括奥运五环、会徽、吉祥物以及海报等，它们在每届奥运会上都起着宣传、代表和传递价值观的作用。

　　1. 奥林匹克五环标志

　　奥林匹克五环标志是奥林匹克运动的重要象征，它承载着丰富的含义和理念。设计师顾拜旦在提出五环标志的设计思想时，借鉴了20世纪初国际化标志的发展趋势，将其运用到奥林匹克运动的识别标志上。

　　顾拜旦解释了他设计五环标志的意义：五环代表世界上承认奥林匹克运动

并准备参加奥林匹克竞赛的五大洲，即欧洲、亚洲、非洲、大洋洲和美洲。这五个环形象征着五大洲的团结与合作，以及全世界各国运动员在奥林匹克运动会上的相聚与交流。此外，五环标志中的第六种颜色，即白色旗帆的底色，代表着所有国家都能在自己的旗帜下参加比赛，体现了奥林匹克运动的包容性和平等性。

奥林匹克五环标志的设计背后蕴含着强烈的和平理念。通过五个相互连接的环，标志传达出奥林匹克运动为各民族间的和平事业服务的思想。这一设计理念是顾拜旦对奥林匹克运动的追求和理念的具体表现，体现了他对世界和平和全球合作的期望。

自从1920年第七届安特卫普奥运会起，五环的蓝、黄、黑、绿、红色分别代表欧洲、亚洲、非洲、大洋洲和美洲。这种颜色编配的选择不仅使五环标志更加鲜明和有力，同时也象征着不同洲际的团结与共同发展。五环标志的采用为奥林匹克运动会赋予了一种全球性的视觉认同，使各国运动员在赛场上能够感受到来自世界各地的团结和友谊。

总的来说，奥林匹克五环标志是奥林匹克运动的重要象征，通过其独特的设计和色彩搭配，传达了和平、团结和全球合作的理念。这一标志的存在不仅凝聚了全球运动员和观众的情感，也成为世界各国共同追求体育精神和奥林匹克理念的象征。在奥林匹克运动中，五环标志不仅代表着体育竞技的精神，更是一种跨越国界和文化的统一符号，激励着人们追求卓越、友谊和和平的理想。

2. 奥运会会徽

每届奥运会都有独特的会徽，会徽代表着主办国或主办地的文化和特色。会徽的设计通常融合了艺术、设计和传统元素，以独特的形式表达出奥运会的主题和精神。会徽的设计不仅要符合奥林匹克运动的核心价值观，还要具备艺术美感和辨识度。每个主办国的组织委员会都会为当届奥运会设计独特的会徽，这些图案通常通过公开征集并由国际奥委会执行委员会审查批准。尽管每个会徽都各具特色，但它们都必须包含奥林匹克五环标志，并衬托以反映主办国特点或民族风俗的图案。

奥运会会徽的设计旨在体现奥林匹克精神，并展示主办国和奥运城的特征。它们是具有艺术性和纪念意义的标志，也是奥运会最具权威性的形象标志。根据奥林匹克宪章的规定，主办国设计的会徽未经奥运会组委会同意，不得用于广告和商业服务，确保了会徽的严肃性和权威性。

不同届奥运会会徽的设计风格各不相同。早期的设计更加写实，而近年来的设计则更具抽象性。会徽的图案通常以主办城市的标志性建筑、国旗、民族符号等元素为基础，以形象和图形的方式展现特定的主题和意义。同时，会徽也通过色彩的选择和构图的安排来传达情感和文化内涵。

例如，1968年墨西哥城奥运会的会徽融合了墨西哥的传统壁画图形和奥运五环，采用黑白两色的设计风格，寓意深刻且富有民族风格。而1988年汉城奥运会的会徽则以旋涡状的蓝、红、黄三色条纹和奥林匹克五环组成，象征着天、地、人的哲学寓意，并展现出奥运会的活力和进步。再如，2008年北京奥运会的会徽是一个蓝色的方形图案，代表着中国传统文化中的"天"的概念，同时形象化了奥林匹克的核心理念。这个简洁而富有象征意义的设计成为北京奥运会的标志之一。

每个会徽都力图体现奥运会的核心价值观和举办国的文化特色。会徽的设计不仅是一种艺术创作，也是一种宣传和推广的手段。通过会徽的形象传播，人们可以对奥运会举办的时间、地点以及举办国的特征有直观的了解，进一步激发对奥运会的兴趣和参与热情。

除夏季奥运会外，冬季奥运会的会徽设计也具有独特的特点。通常会以奥林匹克旗或举办国奥委会会旗为背景，并结合冬季景色或冬季项目图案，突出冬季运动和举办国的特色。这样的设计不仅展现了冬季奥运会的主题，也反映了举办国对冬季运动的热爱和重视。

总之，奥运会会徽是奥运会的重要标志和形象，代表着体育精神、奥林匹克理念以及举办国的文化特征。每个会徽的设计都是经过精心构思和审查批准的，旨在通过图案、色彩和构图来传达特定的主题和意义。这些会徽不仅具有艺术性和纪念意义，也承载着奥运会的价值观和使命，激发着人们对体育、友谊和和平的追求。

3. 奥运会吉祥物

奥运会还经常设计吉祥物，吉祥物代表着奥运会的形象和精神，它们通过可爱的形象和丰富的故事为奥运会增添了趣味和亲和力。吉祥物的设计常常融合了当地文化和自然元素，以独特的造型和色彩吸引人们的注意。例如，2008

年北京奥运会的吉祥物"福娃"就是以中国传统文化中的福、寿、喜、爱和友谊五个字为设计灵感，通过可爱的形象和丰富的故事传达了中国人民的友好和热情。

4. 奥运海报

每届奥运会还会设计海报来宣传和展示奥运会的精神和价值观。海报设计不仅是艺术家们表达自己创作理念和风格的重要媒介，也是展示主办国或主办地文化和艺术特色的窗口。海报的设计通常以奥运会的标志和主题为基础，结合当地的文化元素和艺术风格，通过图像、色彩和文字的组合来传达奥运会的信息和情感。每一届奥运会的海报设计都是独特的，它们以其独特的视觉效果和艺术表达方式吸引着观众的眼球。

总之，奥林匹克运动中的标志设计是美术艺术与奥运会的有机结合，它们通过奥运五环、会徽、吉祥物和海报等形式，传递着奥林匹克运动的核心价值观和精神。这些标志设计不仅具备艺术美感和创意，还承载着每届奥运会的文化和历史意义。通过标志设计，人们可以感受到奥运会的独特魅力和全球团结的力量。奥运会标志设计的不断创新和发展，也为美术艺术提供了广阔的创作空间，丰富了奥林匹克运动的文化内涵。

现代社会的分工越来越细，生活越来越丰富多彩，价值取向越来越多元化，所以艺术家也越来越多地从个人角度来理解奥林匹克运动。在继承古希腊奥林匹克艺术的基础上，便出现了五彩缤纷的奥林匹克美术艺术。

（二）现代奥林匹克运动中的雕塑与绘画

1. 现代奥林匹克运动中的雕塑

现代奥林匹克运动为雕塑艺术提供了一个全新的发展平台。与古代奥运会不同，现代奥林匹克运动会将体育与艺术结合，并在其比赛和庆典活动中展示了这种结合的形式。1896年，第一届现代奥运会在雅典举办期间，雅典市政府同时举办了艺术展览，旨在传承古代奥运会与文化艺术密切相关的传统。1906年，国际奥委会在巴黎年会上决定从1912年第五届奥运会开始增设艺术项目的比赛，其中包括建筑、绘画、雕塑、音乐和文学等五个类别，也被称为"缪斯五项文艺比赛"。这项比赛一直延续到了第十三届奥运会。从1948年的第十四届奥运会开始，文化艺术竞赛改为展览形式，使奥林匹克运动与文化艺术之间的关系更加平衡、融洽和紧密。在这个过程中，艺术参与了现代奥林匹克庆典,并得到了进一步的发展,导致了大量精品奥林匹克雕塑的涌现。

第一届艺术比赛中的雕塑类金奖作品《美国驾车人》栩栩如生地塑造了马匹和驾车者的形象。而1924年巴黎奥运会艺术比赛的雕塑类金奖作品《掷铁饼者》再现了古典人体之美,其娴熟的技巧堪与古希腊著名雕塑家米隆的同名作品相媲美。

现代奥林匹克运动中的雕塑作品并不局限于描绘运动员或竞技项目,它们还涵盖了与奥林匹克运动有关的各个方面。例如,比利时雕塑家马利特·泰格斯的作品《胜利的欢呼》生动地展现了运动员欢呼雀跃的心情。与古代雕塑家纯粹使用裸体形象来表现人体之美不同,现代雕塑家更多地通过完美的竞技动作和优雅的技术动作来展示人体之美和奥林匹克运动之美。例如,德国花样滑冰选手维特在1984年和1988年的冬奥会上连续夺冠,以她为模特创作的雕塑作品将她塑造得美丽动人,深深吸引着观众。

现代奥林匹克雕塑作品所采用的材料也多种多样,除了传统的大理石和青铜之外,还利用了各种可用的材料,包括木材、金属、织物和纸板等。从功能上来看,现代奥林匹克雕塑是供人欣赏的艺术精品,具有文化装饰性。在法国的罗兰·加洛斯体育场、英国的温布利体育场、苏格兰的圣安德鲁斯高尔夫球场、美国的玫瑰碗体育场以及历届奥运会会场和奥林匹克机构的建筑物周围,都摆放着许多雕塑作品,展示了体育与文化艺术的结合。

特别值得一提的是汉城奥林匹克雕塑公园。为了永久纪念汉城奥运会,组委会建立了这个雕塑公园,它不仅拥有绿草如茵的环境,还集聚了世界各地众多著名雕塑家的作品。进入公园的正门,《和平之门》作为最引人注目的雕塑之一,由各国运动员带来的石头建造而成。131个国家和个人捐赠的4875块石头象征着人类和平相处的精神。

保存有历史最悠久、技艺最完美的奥林匹克雕塑作品的地方是国际奥委会总部位于瑞士洛桑的博物馆。1993年,国际奥林匹克博物馆重新开放,它不仅是世界上最大的奥林匹克文物资料收藏中心,也是最大的奥林匹克艺术品陈列中心。博物馆展厅中的重要收藏作品包括《美国运动员》《弓箭手》以及1963年民主德国赠送给国际奥委会的顾拜旦半身雕像等。从日内瓦湖到国际奥林匹克博物馆,途中通过奥林匹克公园,这条通道的长度恰好是古希腊运动场的长度(192.27米)。奥林匹克公园内展示了各种形态的雕塑作品,不仅装点了环境的风姿绰约，也是博物馆展览的延续，共同讲述着奥林匹克运动与文化艺术结合的故事。这里的雕塑作品主要是各国奥委会赠送的礼品和许多艺术家个人捐赠的作品。希腊赠送的仿古希腊神殿的八尊石柱雕塑由希腊文化部和奥委会采用萨索斯岛出产的最优质大理石制作而成。每个石柱上方都刻有五环图案和奥林匹克格言："更快、更高、更强。"希腊还赠送了其他一些仿古作品，象征着奥林匹克运动的起源。匈牙利奥委会赠送的雕塑作品《奥林匹克》描绘了三名自行车选手骑着一辆五轮自行车的形象，五个轮子代表着奥林匹克五环标志，构思新颖、设计精巧。美国奥委会赠送的《奥林匹克之门》是洛杉矶奥运会主会场内同名雕塑的复制品，该雕塑复制品是在1932年和1984年的两届奥运会召开地洛杉矶奥运会上展出的。

此外，还有其他许多精美的雕塑作品。例如，位于公园门口的青铜雕塑《奥林匹克激情》展示了一群年轻的运动员高举五环旗勇往直前的场景。《好风景》是用纯白大理石雕刻的少女人体雕塑，寓意着奥林匹克运动的美丽和纯洁。《足球》《游泳》《体操》《射箭》《少女与球》等作品栩栩如生地表现了这些运动项目。中国艺术家朱成的作品《千钧一箭》和田金锋的作品《走向世界》也被国际奥委会收藏。这两件作品在1985年的中国首届体育美术展上获得了雕塑类作品特别奖，并于1989年被中国奥委会赠送给国际奥委会。现在，《走向世界》矗立在国际奥委会总部大楼前，《千钧一箭》则陈列在奥林匹克博物馆的展览中。

通过以上描述，可以看出现代奥林匹克运动中的雕塑作品多样而精美。它们不仅展示了运动员和竞技项目的形象，还传递了奥林匹克运动所代表的价值观和精神。这些雕塑作品丰富了奥林匹克运动的文化内涵，将艺术与体育相融合，向世界展示了人类的创造力和美感。

2. 现代奥林匹克运动中的绘画

现代奥林匹克运动中的绘画作品展现了丰富多彩的艺术创作。自从1912年第五届奥运会开始举办艺术竞赛以来，众多画家以奥林匹克运动为题材进行创作。在此后的奥运会艺术展览中，艺术家们得到了更广阔的创作空间，使绘画作品在内容和形式上更加丰富多样。

这些绘画作品不仅记录了奥运史上一些鲜为人知的史实，还歌颂了奥林匹克竞技者的英勇和精神。例如，比利时大画家沙克·戴拉纳曾为顾拜旦先生创作了一幅写生肖像油画，表达了他对将马上击剑列为奥运会新项目的支持。尽管这一提议没有获得通过，但这幅肖像成了这段历史的唯一记录。苏联画家日林斯基创作的群像肖像画《苏联体操家》展现了一组苏联著名体操运动员正在训练的场景，以红白对比的色彩和富有节奏感的构图成为奥林匹克绘画中的佳作。还有一些作品展现了民族特色，例如我国女排姑娘夺得多个世界大赛冠军后，我国的年画中出现了以女排姑娘为题材的作品。此外，奥林匹克幽默画也是画家们喜欢采用的形式之一，中国画家唐以文创作的《萨马兰奇与奥林匹克精神》成为中国唯一收藏于萨马兰奇处的漫画艺术品。

现代奥林匹克绘画中涌现了许多杰出的艺术家，他们的作品丰富多样、充满活力。瑞士画家翰斯·艾内是古典派画家，从1932年起开始以奥林匹克为题材进行创作。他通过不同的背景和构图形式，赋予奥林匹克运动多种含义。艾内的作品并不仅仅局限于体育画，他将自己的艺术探索和研究扩展到人类文化的大范畴，展现了艺术家永不休止的创作热情。他的作品曾被联合国总部和许多国际组织收藏，他的绘画技巧再现了奥运会的壮阔场景，赢得了观众们的赞赏。

西班牙画家詹伯罗在后现代艺术和现代奥林匹克绘画史上也占据着重要地位。他的作品构图简洁、意蕴丰富、大气磅礴，充满现代气息。他通过纯粹抽象的结构、动态的碰撞和浓重的线条，展现了运动员身体与心灵完美结合的活力与力量。他为1992年巴塞罗那奥运会创作的壁画《奥林匹克运动的传统与历史》在国际艺术博览会上展出，引起了广泛关注。他的作品《亚特兰大之星——奥林匹克森林》以26个立体雕刻画的形式展现了奥林匹克运动百年来的光荣与悲怆。这些作品通过抽象的线条、变化的色彩和奥运五环标记将整个世界连接在一起，表达了奥林匹克庆典作为人类最盛大的节日的和平、友谊和进步的美好画面。

现代奥林匹克绘画展现了艺术家们对奥林匹克运动的热爱和对世界和平、友谊的追求。这些作品通过艺术形式传递了奥林匹克运动的历史、现在和未来，描绘了人类的和谐与世界的无序之间的对比。这些画家们以自己的画笔向世界展示了奥林匹克运动的力量和影响，同时也反映了他们对艺术、文化和和平事业的贡献。他们的作品被收藏在奥林匹克博物馆和其他国际组织中，为世人所欣赏和敬仰。

总之，现代奥林匹克运动中的绘画作品丰富多样，展现了艺术家们对奥林匹克运动的热情和创造力。这些作品记录了运动员的英勇和竞技精神，展示了不同文化背景下的多样性和民族特色。艺术家们通过自己的创作，传递了对和平、友谊和进步的追求，使奥林匹克运动更加丰富多彩、富有艺术性和人文关怀。他们的作品在国际艺术界享有很高的声誉，为奥林匹克运动增添了独特的艺术魅力。

（三）奥林匹克运动中的艺术展览

奥林匹克运动中的艺术展览是每届奥运会期间的重要组成部分，它们以多种艺术形式展示奥运精神和运动员的风采，为观众提供了欣赏和参与艺术的机会。

摄影在奥林匹克运动中也扮演着重要的角色。摄影师们通过捕捉瞬间的镜头，记录下了运动员在比赛中的精彩瞬间和动人场景。摄影作品展示了运动员的汗水与努力、激情与胜利，将观众带入奥运会的现场，感受到运动的激情和运动员的奋斗精神。摄影作品常常以黑白或彩色的方式呈现，通过光影的运用和构图的选择，展示了摄影师对奥运会的独特观察和表达。

奥林匹克运动中的艺术展览还包括装置艺术等多种形式。装置艺术是将艺术作品与特定空间相结合，创造出具有独特观感和互动性的艺术环境。在奥运会的艺术展览中，装置艺术作品常常以奥运会的主题和标志为基础，通过多媒体、声音、光影等元素，打造出引人入胜的艺术装置。观众可以在装置艺术的环境中感受到奥运会的能量和创意，与艺术作品进行互动和思考。

每一届奥运会的艺术展览都是独特的，它们通过不同的艺术形式和作品呈现了奥运会的文化内涵和多样性。艺术展览为观众提供了欣赏艺术、了解奥运会历史和文化的机会，丰富了奥运会的文化内容，同时也促进了艺术与体育之间的交流和融合。通过艺术展览，奥林匹克运动中的美术艺术得以展现和发扬，为奥运会增添了独特的艺术魅力和文化底蕴。

二、奥林匹克运动中的音乐艺术

音乐艺术在奥林匹克运动中扮演着极其重要的角色。它跨越语言和文化的障碍，沟通着全球的观众，并通过各种形式为奥林匹克盛会增添了文化底蕴和艺术气息。无论是在开幕式、闭幕式上的壮观表演，还是比赛期间的动人插曲，音乐都在奥林匹克运动中扮演着关键的角色，表达了运动的热情、激励人心的力量和全球团结一致的精神。

（一）开幕式和闭幕式

在每届奥运会的开幕式和闭幕式上，音乐都是主要的艺术表现形式。每次的开幕式和闭幕式都是精心设计和制作的大型艺术表演，其中包括大量的原创音乐作品，旨在表达奥林匹克精神，并展示主办国的文化和艺术魅力。例如，2008年北京奥运会的开幕式上，巨大的打击乐队"千古"的表演，形象地展示了中国文化的厚重历史和无限活力，同时也让全世界的观众感受到了音乐艺术的魅力。

开幕式和闭幕式是每届奥运会中最受关注和期待的重要场合，音乐作为主要的艺术表现形式在其中起着重要的角色。这些盛大的艺术表演通过音乐的力量向观众传递奥林匹克精神，展示主办国的文化遗产和艺术魅力。

在开幕式上，音乐被用来营造庄严而热烈的氛围，它往往伴随着令人难忘的视觉效果和舞台表演。开幕式的音乐表现形式多种多样，包括管弦乐、合唱、民族乐器演奏以及现代流行音乐等。音乐作品往往具有强烈的韵律感和激昂的旋律，能够激发观众的情感并引起共鸣。通过音乐的编排和演奏，开幕式的音乐表演将观众带入一个独特的艺术空间，让他们感受到奥林匹克运动的庄严和激情。

闭幕式是奥运会的压轴表演，它通常以庆祝和告别的形式展示主办国的文化遗产和艺术成就。音乐在闭幕式中扮演着重要的角色，它不仅为观众带来愉悦的听觉体验，同时也通过音乐作品传达出欢乐和感慨的情感。闭幕式的音乐作品往往融合了主办国的传统音乐元素和现代音乐风格，通过合奏、合唱或者独奏等形式呈现。音乐的节奏和旋律会随着闭幕式的进行逐渐增强，营造出欢快、庄重或者催人泪下的氛围，让观众在音乐中感受到闭幕式的意义和情感。

开幕式和闭幕式中的音乐作品往往经过精心的策划和创作。主办国会邀请著名的作曲家和音乐家创作原创音乐，以展现主办国的独特文化和艺术风格。音乐作品的创作过程往往涉及对主办国音乐传统的研究和借鉴，同时也要考虑到国际观众的接受和理解。在开幕式和闭幕式的音乐表演中，不仅有专业的乐团和歌唱家的参与，还有大量的志愿者和演职人员的付出和努力。他们通过音乐的演奏和演唱，以及舞台表演的配合，共同创造出一场场震撼人心的音乐艺术盛宴。

（二）奥运会会歌

奥运会会歌是每届奥运会的一首重要音乐作品，具有特殊的象征意义和历史渊源。在第一届奥运会的开幕式上，合唱队演唱了《撒马拉斯颂歌》，这首古希腊乐曲由著名希腊作曲家萨马拉斯于1896年作曲，配词则由希腊新雅典派诗人帕拉马斯完成。当这首歌曲在帕那辛尼安体育场上空回荡时，人们充满了对现代奥林匹克运动的美好憧憬。

虽然《撒马拉斯颂歌》在第一届奥运会开幕式上取得了巨大成功，但当时并没有将其正式确定为奥运会的会歌。在此后的历届奥运会中，会歌的选择由东道主国确定，没有形成统一的形式。例如，1936年柏林奥运会的会歌是施特劳斯特为这届奥运会创作的《奥林匹克之歌》，而1948年伦敦奥运会选择了库尔特作曲、基普林作词的《不为自己而为主》作为会歌。

20世纪50年代以后，有人提出重新创作一首永久性的奥运会会歌，但经过多次尝试后没有令人满意的结果。会歌需要与奥运会的其他象征物如五环旗、和平鸽、圣火等相协调，并且要能够激励全世界的运动员。这一问题一直存在争议，多次提出改革的建议，但一直未能达成共识。

直到1958年，国际奥委会在东京举行的第55次全体会议上正式决定，将《撒马拉斯颂歌》定为奥运会的永久性会歌，改名为《奥林匹克颂歌》。这首庄严悠扬的古希腊乐曲的乐谱被保留在国际奥委会总部。从那时起，每届奥运会的开幕式上都会奏响这首乐曲，它成为奥运会的象征之一。

奥林匹克会歌的歌词最初是希腊文的，后来被翻译成法文、英文、中文等多种语言。这些歌词表达了从奥林匹克运动中追求人生真善美的含义。奥运会会歌通过其独特的音乐风格和深远的文化背景，凝聚了全世界人民对奥林匹克理念的共同认同和追求。

奥运会会歌的选择和演唱在每届奥运会的开幕式上都是一个重要的仪式。它不仅是奥运会的庄重开场，也是对主办国或主办地文化特色和奥林匹克精神的展示。通过会歌的演唱，人们能够感受到奥运会的庄严和伟大，激发起对奥林匹克运动的热爱和向往。

随着时间的推移，奥运会会歌成为每届奥运会的重要传统和仪式之一，凝聚着全世界人民对和平、友谊和团结的共同追求。它不仅仅是一首音乐作品，更是奥林匹克运动的象征，通过音乐的力量，将人们连接在一起，共同庆祝和颂扬奥林匹克的价值和精神。

（三）奥运会主题歌

每届奥运会都会有专门创作的奥运主题曲。这些主题曲在歌词和旋律上都富有深刻的含义，反映了奥林匹克精神，并且能够引发全球观众的共鸣。奥运会主题歌代表了主办国或主办地的独特文化特色以及人们对奥林匹克精神的追求。这首歌曲旨在通过音乐和歌词的表达，唤起人们对奥运会的热情、团结和友谊，同时彰显主办国的自豪感和文化价值。

每届奥运会的主题歌通常由奥运会组委会负责征集和选定。这个过程通常是一项艰巨而精细的任务，需要广泛的征集和评审，以确保选出最能代表主办国或主办地特色的歌曲。主题歌的创作往往在奥运会筹备的早期阶段展开，以确保在开幕式和相关活动中得到恰当的运用。

奥运会主题歌在开幕式中扮演着重要的角色。它通常作为开幕式的一部分，在盛大的舞台上演奏和演唱。主题歌通过动人的旋律和歌词，向全世界传递奥林匹克运动的核心价值观，如和平、友谊、团结和公平竞争。这首歌曲代表着主办国对奥林匹克运动的热爱和对人类共同理想的追求，是奥运会期间的重要音乐代表。

奥运会主题歌的创作和演唱常常吸引着众多知名音乐人和艺术家的参与。例如第29届奥运会（2008年，北京）：《我和你》（You and Me）。这首歌曲由刘欢和萨拉·布莱曼（Sarah Brightman）合作演唱，成为该届奥运会的主题歌。第30届奥运会（2012年，伦敦）：《Survival》。这首歌曲是由英国摇滚乐队Coldplay创作和演唱，成为该届奥运会的主题歌。第31届奥运会（2016年，里约热内卢）：《因你而闪耀》（Rise）。这首歌曲是由凯蒂·佩芮（Katy Perry）创作和演唱，成为该届奥运会的主题歌。这是一个展示创作才华和音乐表达能力的机会，同时也是与奥林匹克运动紧密结合的荣誉。主题歌的歌词通常以主办国或主办地的文化、历史和价值观为基础，反映了举办国的独特魅力和人文特色。通过主题歌，主办国希望向全世界展示其对奥林匹克运动的热情和对人类共同理想的追求。

奥运会主题歌在国际舞台上具有广泛的影响力和感染力。它不仅成为奥运会期间各种庆祝活动的背景音乐，也成为人们对奥运会的回忆和情感联结的重要纽带。主题歌的旋律和歌词常常能够引发观众的共鸣，激发他们对奥林匹克精神的认同和参与。这首歌曲成为奥运会历史上的一个永恒符号，将奥运会与音乐、艺术和文化紧密联系在一起。

总之，奥运会主题歌作为每届奥运会的标志性音乐作品，承载着主办国或主办地的文化遗产和奥林匹克运动的精神内涵。它在奥运会开幕式中发挥着重要作用，通过动人的旋律和歌词，向全世界传递奥林匹克的价值观和理念。这首歌曲将人们的情感与奥林匹克运动紧密联系在一起，成为奥运会历史上不可或缺的一部分。

（四）比赛场地的背景音乐

在奥运会的比赛过程中，背景音乐的选择和播放是一个重要的环节。适当的背景音乐能够营造出激烈竞技的氛围，帮助运动员调整比赛状态，也能让观众更好地投入比赛之中。在每届奥运会中，音乐设计者都会根据各项比赛的特点和场地环境，精心选择和创作背景音乐，提升比赛的观赏性和趣味性。

首先，背景音乐的选择要与比赛项目的性质相匹配。不同项目的比赛具有不同的氛围和情感，背景音乐应能够与之相呼应。例如，在激烈的田径比赛中，选择一些动感强烈的摇滚或电子音乐可以增加比赛的紧张感和激情。而在舞蹈或体操比赛中，选用一些优美的古典音乐或流行音乐可以凸显运动员的技巧和表演。

其次，背景音乐的选择还要考虑比赛场地的环境。比赛场地可能是室内体育馆、露天场地或者水上场地，每种场地都有其独特的声音特点和音乐效果。比赛场地的声学特性会对音乐的传播和效果产生影响，因此需要选择适合场地环境的音乐。例如，在室内体育馆中，由于反射和吸音效果较好，可以选择一些具有较强节奏感和动态范围的音乐，以强化比赛的氛围。而在露天场地或水上场地，可能需要更加注重音乐的清晰度和音色平衡，以确保观众能够清晰地听到音乐的细节和情感。

此外，观众的喜好也是选择背景音乐的考虑因素之一。背景音乐不仅为比赛增添了氛围，也是观众参与和投入的重要元素。因此，音乐设计者需要考虑观众的文化背景、音乐偏好和年龄特点，选择能够引起观众共鸣的音乐作品。这样可以增加观众的参与感和互动性，让观众更加享受比赛的过程。

（五）奖牌颁发仪式上的国歌演奏

在奥运会的颁奖仪式上，国歌的演奏是一项非常重要的环节。当运动员或团队获得金牌时，他们所在国家的国歌会被演奏出来，以表彰他们的成就和荣誉。这个时刻既庄重又激动人心，通过音乐的力量，国家的荣誉感、个人的成功感以及全球的团结感都得到了体现。

国歌演奏的方式和形式因国家而异，但无论如何，它都是对国家的最高礼遇之一。一般来说，国歌演奏在颁奖仪式的开始阶段进行，旗手会举起获胜者所在国家的国旗，同时国歌会响起。国歌的演奏者通常是由当地的军乐团、交响乐团或合唱团担任，以确保演奏的庄严和专业性。

国歌作为一首具有深厚历史和文化内涵的音乐作品，它代表着国家的身份和价值观。在奥运会上，国歌的演奏不仅仅是一种礼仪，更是对运动员和国家的肯定和尊重。国歌的旋律庄重肃穆，激发人们对祖国的热爱和自豪感，同时也表达了对运动员勇气、毅力和努力的敬意。

国歌演奏在奥运会颁奖仪式上具有特殊的象征意义。它是对运动员辛勤付出的肯定，是对他们在奥运会上取得优异成绩的赞美。此外，国歌的演奏也是对奥林匹克精神的颂扬，奥林匹克精神强调公平、友谊和团结，国歌演奏通过音乐的力量将这些价值观传递给全世界的观众。

值得一提的是，国歌演奏的过程需要严谨细致的筹备和专业的演奏技巧。演奏者需要对国歌旋律和乐器技巧进行深入研究和练习，以确保演奏的质量和准确性。同时，演奏者还要注重音乐表达的情感和力量，通过音乐的演绎将国家的荣誉和自豪感传递给全体观众。

总的来说，奥运会上国歌演奏是一项充满庄严和激动人心的艺术表演。通过音乐的力量，它传达了对运动员和国家的尊重，展示了奥林匹克精神的伟大价值。国歌演奏是奥运会的重要组成部分，为每个国家和每个运动员赢得的荣誉和奖牌增添了难忘的音乐记忆。

第二节　奥林匹克运动中的影视、建筑艺术

一、奥林匹克运动中的影视艺术

（一）奥林匹克运动中影视艺术的作用

奥林匹克运动是世界上最大的体育盛事，其举办之盛大和精彩不仅表现在运动场上的竞技之争，同样也是各种艺术形式的独特展示，包括影视艺术。影视艺术在奥林匹克运动中扮演着极为重要的角色，它们在赛事的播报、记录、推广以及运动精神的传播等方面起到了无可替代的作用。

1. 表现力和观赏性

影视艺术作为奥林匹克运动中最主要的宣传手段，其表现力和观赏性无疑是最大的优势。通过电视直播、网络播放等方式，全球数亿观众可以实时观看到奥林匹克运动赛场上的精彩瞬间，感受到运动员们拼搏奋斗的精神风貌。此外，影视艺术还可以通过各种形式的拍摄手法，如慢动作回放、特写镜头、创意剪辑等，将赛事的激烈程度、运动员的专注表情以及背后的故事等展示得淋漓尽致，使观众仿佛置身现场，深入体验奥林匹克运动的魅力。

2. 记录和传承奥林匹克运动历史

影视艺术在记录和传承奥林匹克运动历史方面发挥了重要作用。自奥林匹克运动诞生以来，每一届的比赛都留下了大量的影像资料，这些影像资料不仅记录了各个时期运动员们的优秀表现和运动技术的发展，还记载了奥林匹克运动的历史沿革和精神内涵。这些影像资料被制作成各种纪录片、电影等作品，让后人可以更直观地了解和感受奥林匹克运动的历史变迁和永恒价值。

3. 推广了奥林匹克精神

影视艺术通过创作以奥林匹克运动为题材的电影、电视剧等作品，进一步推广了奥林匹克精神，使其深入人心。这些作品不仅通过生动的情节和鲜明的人物形象展现了奥林匹克运动的精神内涵，也通过感人的故事和高潮迭起的剧情，深深打动了观众的情感，激发了人们对体育的热爱和对奥林匹克精神的崇敬。

4. 表现方式和技术手段也不断创新

影视艺术在奥林匹克运动中的表现方式和技术手段也不断创新。随着科技的进步和影视技术的发展，如虚拟现实、4K超高清、无人机拍摄等新兴技术的运用，使得奥林匹克运动的赛事直播和录播效果越来越逼真，丰富了观众的观赛体验。同时，通过网络技术的利用，奥林匹克运动的影视内容也能够更快速、更广泛地传播到全球的每一个角落。

总结来说，奥林匹克运动中的影视艺术是体育和艺术完美结合的展现。它不仅在记录、宣传和推广奥林匹克运动方面发挥了巨大作用，更重要的是，通过影视艺术的手段，奥林匹克精神得以传播和传承，使更多的人了解和接触到奥林匹克运动，感受到体育的魅力和力量。

（二）电影艺术与奥林匹克运动

电影艺术与奥林匹克运动的结合，是一个独特的现象，同时也揭示了艺术和体育之间的紧密联系。通过电影，奥林匹克运动的精神得以具象化、艺术化展现，从而让观众更直观、更深刻地感受到运动的魅力和奥林匹克精神的内涵。

电影作为一种独特的艺术形式，以其戏剧性和视觉性，特别适合呈现和传达奥林匹克运动的精神。电影通过故事情节的展开、人物形象的塑造、影像的构成以及音乐、声音等元素的结合，把运动员的坚韧不拔、竞技精神、集体精神以及奥林匹克的公平竞争、友谊第一等理念，具象化、情感化，直观地传达给观众。

电影艺术在体育题材方面有着广泛的表现，如电影《烈火战车》便是以奥运会真实故事为基础，通过电影的形式，让观众感受到了运动员们的拼搏精神和对胜利的渴望。电影《拳王》则是以拳王阿里的生平为蓝本，展示了其辉煌的职业生涯和坚定的意志力量。而电影《胜利大逃亡》《灌篮高手》《追梦之路》等都以运动为题材，将体育竞技和人物命运、情感、社会问题等元素融合，使得电影在呈现运动魅力的同时，也展现了深厚的人文内涵。

中国的体育题材电影也颇为丰富，比如《女篮5号》《水上春秋》等影片，它们以体育为主线，描绘了运动员的奋斗历程和对运动的热爱，引发了广大观众的共鸣。近年来，《少林足球》等影片将体育与喜剧元素结合，通过轻松愉快的情节，让观众在娱乐中感受到运动的快乐。

但正如匈牙利电影美学家贝拉·巴拉兹所说，电影在表现体育、竞技或杂技表演时，能起的作用比在其他任何艺术里所能起的作用大得多。然而，除了新闻片，即使是杂技表演，也只有在和剧情相结合，足以帮助说明影片中某一事件、某种遭遇或某个人物的时候，才能引人入胜。换句话说，即使一部以运动员为主人公的艺术片，趣味也不应偏在体育表演方面，而应该充分利用电影的艺术性，将体育运动的精神和人性的情感相结合，从而打动观众，让电影艺术与奥林匹克运动相得益彰。

总的来说，电影艺术在表现奥林匹克运动中，展现了其独特的艺术价值和社会价值。电影通过独特的艺术表现方式，让奥林匹克运动的精神得以广泛传播，同时也让观众在欣赏电影的过程中，感受到奥林匹克运动的魅力，体验到运动的快乐和生命的活力。

（三）电视艺术与奥林匹克运动

电视艺术与奥林匹克运动的关系源于科技的快速发展，这种关系已经深入我们日常生活的方方面面。科技的进步使得电视成了观看世界各地的重要国际比赛——如奥运会——的主要媒介。电视进入奥运会的历史可以追溯到1936年的柏林奥运会，从那时起，电视逐渐成为奥运会的重要组成部分。

电视在1948年的伦敦奥运会中首次大规模进行转播，尽管当时受限于技术手段，收视范围并不广。然而，随着科技的飞速发展，尤其是20世纪80年代信息科技的突飞猛进，电视转播逐渐进入鼎盛时期。例如，1980年的莫斯科奥运会，尽管受到了抵制，许多国家的运动员未能参加，但仍有67个电视台转播了6000小时的奥运节目。

1992年的巴塞罗那奥运会更是在电视转播上取得了突破。此次奥运会专门成立了"92奥运电视台"，拥有专业工作人员达3100人，修建了全新的科尔塞罗拉转播塔，该塔高268.5米，成为西班牙第二高建筑物。这个电视台向全球观众转播了所有比赛项目，并创下了98%的实况直播记录。据统计，此次奥运会的开幕式有35亿观众通过电视观看，比前一届的汉城奥运会增加了5亿观众。

电视的广泛应用为奥林匹克运动的发展注入了新的活力。从技术角度看，奥运会成了电视技术潜力得到充分展现的重要舞台。各种电视技术手段的综合运用，使得观众可以获得近乎真实的比赛体验。比如，直升机提供的全景视角，同步移动的镜头带来的速度感以及精彩瞬间的多角度重播，都让观众如同亲临现场。在1988年的卡尔加里冬奥会，电视观众甚至可以通过微型摄像机头看到装在冰球中的摄像机拍摄的影像。1998年长野冬奥会赛场的冰面下还装有声音传感器，使电视观众可以感受到运动员每一次蹬冰的力度。电视中独特的视角，真实的声响，专业的解说，以及声、光、形、色的巧妙结合，无一不让奥运会的电视转播变得更为吸引人。

电视转播奥林匹克运动也对社会形象产生了重要影响。虽然电视在市场经济时代具有浓厚的商业色彩，但奥运会作为全世界共同庆祝的节日，人类历史上最大的和平聚会，具有真、善、美的社会形象。因此，电视转播的奥运会不仅可以提高电视台的知名度，而且有助于树立其良好的社会形象。

电视转播奥运会不仅对电视台自身有利，同时也对奥运会产生了积极影响。电视转播使得奥运会得以观众更广泛的关注和接触，这在很大程度上提高了奥运会的影响力，同时也使得电视台能够通过奥运会获得利润。电视转播已经成为奥林匹克运动的主要经济来源之一，不仅给主办国带来了利益，同时也对奥林匹克运动的经济独立性起到了积极的推动作用。

电视艺术的出现对电影艺术提出了挑战，但同时也对奥林匹克运动带来了新的可能性。电视可以大规模播放与奥林匹克运动有关的节目，满足人们文化生活的需要，同时也为运动训练提供了丰富的素材。例如，电视中的花样滑冰、艺术体操、技巧、跳水、花样游泳等节目，以及各届奥运会的实况录像，都是体育艺术中的优秀素材。

综上所述，电视艺术与奥林匹克运动的结合，使奥运会的影响力不断扩大，同时也让电视技术得到了更好的应用和发展。随着科技的进步，我们可以期待这两者的结合会带来更多的可能性和惊喜。

（四）网络艺术与奥林匹克运动

在信息化时代，网络艺术与奥林匹克运动的关系正发生着深刻的变革。随着网络技术的飞速发展，互联网已经成为一个强大的传播工具，它不仅影响着人们观看体育比赛的方式，也正在改变着奥林匹克运动的传播模式。下面将从四个方面探讨网络艺术在奥林匹克运动中的应用和影响。

首先，网络艺术使得奥林匹克运动的观看方式得以改变。伴随着个人电脑的普及和互联网技术的进步，互联网已经成为人们观看奥林匹克比赛的新平台。人们不再仅仅依赖电视或报纸等传统媒体获取奥运会比赛的信息，而是可以通过网络实时关注比赛的进程。此外，互联网的应用使得运动比赛的录制和播放更加灵活，运动迷们可以在任何时间、任何地点随时观看他们喜欢的比赛。这种新的观赛方式赋予了观众更大的自由度，同时也为奥林匹克运动的传播带来了更多的可能性。

其次，网络技术的发展也为奥林匹克运动的展示方式带来了变革。全息术的出现使得人们可以通过网络看到运动员在空间浮动的三维影像，这无疑增强了比赛的观赏性，让人们仿佛身临其境。而这种身临其境的观赏体验无疑对奥林匹克运动的吸引力起到了巨大的推动作用，使得奥林匹克运动得以在全球范围内得到更大的关注和参与。

第三，网络艺术使得奥林匹克运动的观赏不再受限于时间和地点。传统的媒体传播方式往往受制于时间和地点，而网络艺术则打破了这种限制。人们通过智能手机就可以随时随地观看自己喜欢的奥运比赛，这无疑使得更多的人能够接触到奥林匹克运动，增强了奥林匹克运动的社会影响力。

第四，网络艺术推动了大众传媒的个性化发展。21世纪是一个充满神奇的网络时代，大众传媒正迈入个人化时代。随着网络和个人网站的大量出现，每个人都有可能成为一个没有执照的电视台。这种趋势使得每个人都有可能参与到奥林匹克运动的传播中来，丰富了奥林匹克运动的传播方式，也增强了公众对奥林匹克运动的参与感。

总的来说，网络艺术为奥林匹克运动的传播带来了革命性的变化。它改变了人们观看奥林匹克运动的方式，使得奥林匹克运动的观赏不再受限于时间和地点，推动了大众传媒的个性化发展，使得更多的人可以参与到奥林匹克运动的传播中来。网络艺术与奥林匹克运动的结合，不仅使得奥林匹克运动的观赏更加丰富多元，也使得奥林匹克运动的传播得以扩大，增强了奥林匹克运动的社会影响力。

二、奥林匹克运动中的建筑艺术

奥林匹克运动不仅是一场全球的体育盛事，也是艺术创新与表达的重要平台，其中建筑艺术尤其引人注目。奥运会的举办城市通常会投入巨资和资源，构建一系列建筑项目来容纳比赛项目和庆祝活动，同时展示城市的独特性和创新性。这些建筑在设计和构造上都具有高度的艺术性和创新性，为观众和运动员提供了不仅是功能性的场所,而且是视觉和感官上的享受。下面我们就详细地探讨奥林匹克运动中的建筑艺术。

(一)建筑设计

奥林匹克运动中的建筑设计是一项巨大且重要的工作,它对于奥运会的成功开展、对于城市的发展乃至社会文化的传承都有着深远的影响。从比赛场地到奥运村,从运动员训练设施到媒体中心,再到周边的景观设计,都需要建筑设计的精心策划和实施。以下内容将对这一主题进行深入阐述。

首先,奥运会的主体育场是奥运会的灵魂和象征,其设计和建筑必须考虑到多个方面。例如,它必须能够容纳大量的观众,同时提供良好的视线和舒适的座位,以满足观众的需求。此外,主体育场还需要有良好的声学设计,以保证声音的清晰传播。从艺术的角度看,主体育场的设计还应该具有独特的设计理念和视觉冲击力,以表达主办城市的文化内涵和未来愿景。

其次,奥运村的设计也非常重要。它是运动员们在比赛期间的主要居住和休息场所,因此需要提供舒适、方便的住宿环境和休闲设施。同时,奥运村的设计还应该考虑到环保和可持续性,比如利用太阳能、雨水收集系统等环保技术,以减少对环境的影响。

再者,运动员的训练设施和媒体中心的设计也是关键。这些建筑需要提供先进的设施和服务,以满足运动员和记者的专业需求。同时,建筑的设计还需要考虑到方便、舒适和安全性,以保证使用者的体验和福利。

此外,建筑设计还需要考虑到环保和可持续性的问题。这包括使用环保材料、绿色建筑技术以及实施有效的废物管理和能源利用策略。比如在2012年伦敦奥运会中,主办方就在设计和建筑过程中广泛应用了绿色建筑技术,使得整个奥运会的碳排放大大降低。

在进行建筑设计时,建筑师们需要运用他们的艺术创造力和技术能力,来设计出既符合这些要求又具有艺术感的建筑。这些建筑不仅仅是奥运会的场所,它们也是主办城市的地标,是文化的象征,是人类艺术和技术创新的体现。因此,奥林匹克运动中的建筑设计是一项融合了艺术和科技的重要工作,是体现奥林匹克精神和推动城市发展的重要手段。

(二)建筑风格

奥林匹克运动是一个国际性的体育盛会,也是各个主办城市展示自己独特文化、价值观及未来愿景的重要舞台。在奥林匹克运动中的建筑艺术，就是这种展示的重要载体。每一个主办城市的奥运设施，都是它们自身特点和理念的象征。其中，建筑风格的选择和展现，无疑是最直观也是最引人注目的表现。

以2008年北京奥运会为例，其标志性建筑——国家体育场"鸟巢"和国家游泳中心"水立方"便在建筑风格上表现出了强烈的中国特色。"鸟巢"的设计灵感来源于中国传统的手工艺品——扎染布艺品，通过无数交织的钢结构，形成了一个巢状的体育场，象征了中国古老文化的延续和发展。"水立方"的设计则充满了科技感，采用了先进的环保材料和建筑技术，形象地表达了"水"的主题，将中国的创新能力展现得淋漓尽致。这两座建筑不仅在设计风格上具有鲜明的中国特色，同时也在功能和环保等方面展示了中国的现代化和进步。

而2012年伦敦奥运会的主体育场则是另一种建筑风格的典范。在设计过程中，主办方特意选择了可拆卸和可重复使用的材料，这既体现了英国对于环保和可持续发展的重视，也展示了他们对于历史传统的尊重。此外，整个奥运场馆还注重了与周边环境的融合，力求在满足使用功能的同时，尽可能减小对城市和环境的影响。

每一座奥运设施的建筑风格，都是主办城市对其文化和价值观的独特诠释，也是建筑师们对于设计理念和创新技术的深度探索。这些建筑的存在，既为人们提供了运动赛事的观赏平台，也为城市留下了文化和历史的印记，进一步推动了奥林匹克运动的精神传承和文化交流。未来的奥林匹克运动中的建筑艺术，必将更加注重个性化和特色化，以更好地传达主办城市的精神面貌和未来发展愿景。

（三）建筑与公共空间

奥林匹克运动的建筑艺术不仅是比赛场地，更是社区活动中心和城市的公共空间。一座好的奥林匹克建筑需要在功能和形式上满足奥运会的需求，同时还要兼顾后期的公共使用和城市整体环境的和谐统一。因此，在设计奥林匹克建筑时，建筑师们需要考虑的不仅仅是比赛期间的需求，更要思考如何让建筑在奥运会结束后依然活跃，成为城市生活的一部分，与城市环境和社区共同发展。

以2016年里约奥运会的奥林匹克公园为例，它是根据这样的理念设计和建造的。奥林匹克公园不仅是比赛期间的主要场地，其设计本身就考虑到了比赛结束后的使用。在奥运会结束后，奥林匹克公园并未因为赛事的结束而沉寂，相反，它成为城市中的重要公共空间，继续为公众提供服务。公园内的设施在比赛结束后经过了适当的改造和升级，成为城市居民进行休闲、娱乐和运动的理想场所。

而这种设计理念在其他奥运会的设施建设中也有所体现。如2000年悉尼奥运会的奥林匹克公园，除了满足奥运会的比赛需要外，建筑师们还设计了一系列的户外活动设施和绿化环境，使其在比赛结束后成为城市居民休闲娱乐的好去处；2012年伦敦奥运会的奥林匹克公园，在设计时就充分考虑了比赛结束后的使用，利用大量的可回收材料，设置了多种公共设施，使之成为城市居民的休闲空间。

此外，为了让奥林匹克建筑与周边环境和社区更好地融为一体，许多城市还在建设过程中，积极引导和鼓励公众参与。例如，通过公开征集设计方案，公众投票选出最佳设计，或者在建设过程中开放工地，让公众可以参观和了解建设进程。这样不仅可以提高公众对奥林匹克建筑的认同感和归属感，也有助于将奥林匹克建筑更好地融入城市生活中。

总的来说，奥林匹克运动中的建筑艺术已经超越了单纯的竞技体育设施，它们已经成为城市的文化标志，提升了城市形象，丰富了城市生活。这就要求我们在设计和建设这些建筑时，不仅要考虑其功能和审美，还要兼顾环保和可持续性，更要考虑到如何将其与城市环境和社区生活更好地结合起来，让它们成为城市生活的一部分，为城市和社区的发展注入新的活力。

（四）建筑与艺术的融合

奥林匹克运动中的建筑艺术确实深入到了运动会的每一个角落，它不仅只是为运动员和观众提供服务的场所，同时也是艺术的载体和展示。许多奥运建筑在设计时都会融入各种艺术元素，这样的设计理念不仅体现了艺术与运动的完美结合，也是城市文化和个性的生动表达。在这个过程中，建筑师们将建筑设计与雕塑、绘画、音乐、灯光等艺术形式相结合，让建筑本身成为一件艺术品，给人们留下深刻的印象。

以2010年温哥华冬季奥运会的奥运圣火塔为例，它是一个完美融合了建筑设计和雕塑艺术的作品。塔身的设计灵感来源于冬季奥运会的滑雪运动，它的形状模仿了滑雪者在雪地上划出的痕迹，体现出动态和力量。同时，塔身上还镶嵌了许多小型雕塑，这些雕塑都是以冬季奥运会的运动项目为主题，富有艺术感和观赏价值。而在塔顶部，圣火熊熊燃烧，象征着奥林匹克精神的永恒火焰。这个设计既满足了实用性的需求，又充分体现了艺术性和观赏性，成了一件独特的艺术作品。

此外，音乐和灯光也是奥林匹克建筑中常常用到的艺术元素。比如，许多奥运建筑的设计都会考虑到音乐和灯光的配合，通过各种音乐和灯光效果，营造出独特的氛围，使建筑在不同的时间和场合都能呈现出不同的风貌。例如，2008年北京奥运会的"水立方"，其外墙设计灵感来自水泡，不仅具有很高的节能效果，还在灯光照射下呈现出如同梦幻般的视觉效果。此外，"水立方"内部的音乐和灯光设计也使得每一个比赛都仿佛在进行一场视听盛宴，让观众在观赏比赛的同时，也能感受到艺术的魅力。

这些奥林匹克建筑的设计和实施，都体现了建筑师们对于艺术与建筑完美结合的追求。它们不仅是体育竞技的场所，也是艺术的载体和展示平台。在这些建筑中，我们可以看到各种艺术元素的融入，看到奥林匹克精神和城市文化的结合，更可以看到建筑师们的创新思维和艺术才华。这些建筑已经超越了建筑本身的定义，成为独一无二的艺术品，为奥林匹克运动增添了更多的艺术魅力和文化内涵。

（五）建筑的遗迹

奥林匹克运动会的建筑遗产不仅象征着城市的历史和文化，同时也承载着无数的奥运精彩瞬间和故事。每座建筑都是一座生动的历史博物馆，讲述着奥林匹克的故事和城市的变迁。在赛事结束后，这些建筑通常会被赋予新的生命和使命，从而使其价值得以延续，为更多的人服务。

在具体实践中，许多城市已经意识到了奥林匹克建筑作为城市历史和文化遗产的重要性，并在赛事结束后，对其进行了改造和利用。例如，2008年北京奥运会的主体育场"鸟巢"和"水立方"在赛事结束后，就被改造成了既可以承接各类大型国际体育赛事、音乐会，也可以作为观光景点的多功能场所。而2004年雅典奥运会的奥林匹克体育中心，则在赛事结束后被改造成了全民健身和休闲的公共设施。这些改造后的奥运建筑不仅延续了其原有的体育功能，同时也为公众提供了丰富的公共服务，增强了城市的文化底蕴和公共生活质量。

更重要的是，这些建筑的存在，让奥林匹克运动的精彩瞬间和故事得以传承。人们在参观、使用这些建筑的过程中，会重新回味那些曾经在奥林匹克运动中发生的精彩瞬间，感受奥林匹克精神的力量。例如，当人们在"鸟巢"中观看比赛或参加活动时，可能会想起2008年刘翔在这里夺得金牌的激动人心的一刻，或者是奥运会开幕式上惊艳全球的千人鼓表演。

而对于承办城市来说，这些建筑也是其独特历史和文化的见证。它们展示了城市在特定历史时期的技术实力、设计理念、环保理念等各方面的特点。同时，它们也作为城市的地标和符号，成为城市的名片，吸引了世界各地的游客和学者前来参观和研究。

综上所述，奥林匹克运动中的建筑艺术是一种独特的文化遗产，它们既体现了建筑艺术的魅力，又承载了奥林匹克精神和城市文化的深远影响。只有通过充分理解和善用这些建筑遗产，我们才能更好地保护和传承奥林匹克运动的精神和价值，为城市的未来发展注入更多的活力和可能性。

总的来说，奥林匹克运动中的建筑艺术是一种融合了功能性、创新性、艺术性和可持续性的设计理念的艺术形式。它通过创新的设计和建筑技术，展示了奥运会举办城市的独特性和创新力，为奥林匹克运动创造了一种既能满足运动需求，又能为公众提供观赏和使用价值的建筑环境。

第五章 体育艺术创作及鉴赏

本章将探讨体育艺术创作及鉴赏的不同方面,包括体育作为艺术素材的创作、艺术作为体育元素的创作、体育艺术作品的内容、层次与鉴赏,以及体育艺术作品的意境与风格。通过以体育为灵感的艺术创作和将艺术融入体育运动的创作,体育艺术作品展现出独特的美感和情感。我们将深入探讨体育艺术作品的主题、表现层次以及鉴赏的方法和技巧,以及作品所传达的意境与风格。通过对体育艺术创作及鉴赏的研究,我们可以更好地理解体育与艺术的结合,发现新的艺术表达方式,并丰富自己对体育艺术作品的欣赏和理解。

第一节 体育作为艺术素材的体育艺术创作

体育艺术创作是以体育为素材进行的创作活动,遵循艺术创作的规律。在这个领域中,艺术家以独特的世界观和创作方法,通过对现实生活的观察、体验、研究、选择和加工,提炼体育素材,塑造艺术形象,创作出具有创造性的艺术作品。体育作为艺术创作的源泉和取材领域之一,与各艺术门类的联系越来越密切。体育艺术作品如体育摄影、雕塑、建筑和影视节目等丰富多样,以体育为素材的创作逐渐增多。在体育艺术创作中,艺术家扮演着主导角色,通过感知、理解和表达体育的美感和情感,运用各种艺术手段和表现形式,塑造独特的艺术形象。这一创作过程经历了灵感的启发、构思的形成、素材的选择和作品的完善等阶段。同时,艺术家需要具备对体育的敏感性和理解力,融入自身情感和审美观念,追求艺术的创新和提高创作水平。通过体育艺术创作,艺术家将体育运动中的动态、力量、美感和情感转化为艺术作品,提供了一种独特的审美体验。体育艺术创作的丰富多样性不仅丰富了艺术的创作领域,也推动了体育与艺术之间的相互影响和发展。它满足了人们对美的追求和审美需求,同时也丰富了体育文化和艺术领域的交流与互动。

一、体育作为艺术素材的体育艺术创作主体——艺术家

体育艺术创作是将体育作为艺术素材进行创作的过程。艺术家在体育艺术创作中扮演着主导角色,需要具备敏锐的感受力、丰富的情感和想象力,以及卓越的创造力、鲜明的创作个性和强烈的创新意识。他们通过艺术形式将体育运动的动态美、节奏美、力量美和竞争美转化为艺术形象。为了达到这一目标,艺术家需要深入理解和热爱体育运动,捕捉和理解运动员在竞技场上的每一个细微动作和情感,并通过艺术的表达形式展现出来。此外,艺术家还需要丰富的生活经验,并与社会生活密切联系,深入体育运动的实践,以便真正理解体育运动的精髓,创造出真实而深刻的体育艺术作品。总的来说,体育艺术创作通过艺术家的才能和技巧,将体育运动的特性和魅力转化为独特的艺术作品,满足人们对精神生活的追求和对体育运动的热爱。

二、体育艺术创作过程

(一)体育艺术创作过程的第一阶段——艺术体验活动

体育艺术创作过程的第一阶段——艺术体验活动,与传统的艺术创作活动如绘画、雕塑、写作或演奏音乐等相似,但又有其独特性。因为在体育艺术创作中,艺术家需要深入体验和理解体育运动的精神和形式,并把这种体验和理解转化为艺术创作的灵感和素材。

(1)观察是艺术体验活动的重要环节。在体育艺术创作中,艺术家首先需要对体育运动进行细致的观察。例如,他们可以去体育场馆,观看各种体育比赛,仔细观察运动员的动作、技巧、战术、运动精神以及比赛的情节和氛围。他们还可以观看体育比赛的视频,研究运动员的动作细节,寻找艺术创作的灵感。

(2)感受是艺术体验活动的核心。在体育艺术创作中,艺术家不仅需要理性地观察体育运动,更需要感性地体验体育运动。他们可以通过参加体育运动,直接体验运动的乐趣和困难,感受运动的挑战和胜利带来的喜悦,以及失

败带来的挫折和痛苦。他们还可以通过交谈和访问运动员，体验他们的情感世界，了解他们的生活经历，理解他们的奋斗和牺牲。

（3）思考是艺术体验活动的深化。在体育艺术创作中，艺术家通过观察和感受，得到了丰富的体育运动的素材和灵感，但这还不够。他们需要通过深入的思考，理解体育运动的内涵和价值，探索体育运动的艺术性和美学意义，澄清自己的艺术创作的主题和目标。例如，一个体育艺术家可能被体操运动员在空中旋转和翻转的动作所吸引，他会仔细观察这些动作的节奏和力度，感受这些动作的优美和危险，然后通过思考，他可能决定以这些动作为创作的主题，通过雕塑的形式，表现体操运动员在空中的飞翔和挑战。

（二）体育艺术创作过程的——艺术构思活动

艺术构思活动是体育艺术创作过程中的第二阶段，它起到承上启下的作用，将第一阶段的艺术体验活动中积累的观察、感受和思考转化为具有可视化表现力和创作价值的审美形象。在这个阶段，艺术家需要进行选择、提炼、组合和融合的过程，以形成深度和宽度的艺术构思。

首先，艺术家需要进行选择。体育运动的领域广阔且丰富，艺术家需要根据自己的体验和理解，在中选择最具表现力和创作价值的元素作为艺术创作的主题和内容。例如，艺术家可能选择足球运动中最激动人心的一刻如射门瞬间或者选择马拉松运动员奔跑的姿态作为创作的主题。

其次，艺术家需要进行提炼。对于选定的主题和内容，艺术家需要深入思考和感受，抽取其最核心和本质的部分，去除无关和次要的元素，以使其在艺术表现中更具力度和影响力。例如，对于足球运动射门瞬间的表现，艺术家可能会将重点放在运动员的身体姿态、脸部表情和眼神，以及足球和球网的相对位置等，而忽略观众和比赛场地背景等因素。

然后，艺术家需要进行组合。对于提炼出来的元素，艺术家需要根据自己的创作目标、艺术风格以及观众的接受能力和审美趣味，进行合理的组合和布局，形成一种完整和有序的艺术形象。例如，对于足球运动射门瞬间的表现，艺术家可能会设计特殊的视角，如球门的视角、观众的视角或天空的视角，以展现这个瞬间的冲击力和魅力。

最后，艺术家需要进行融合。艺术家的想象力、情感、知识和技能都需要在这个阶段得到充分的发挥和利用，使艺术构思活动形成一个感性与理性统

一、形式与内容统一的审美形象。例如，艺术家可能会用寓言、象征或超现实的方式来表现足球运动射门瞬间的主题，使之充满艺术的张力和生命的活力。

在艺术构思活动中，艺术家需要以开放的心态、敏锐的观察力、丰富的情感和创新的思维深入研究体育运动的性质、特征和内涵，将其转化为艺术的语言，让观众在欣赏艺术作品的同时也能感受到体育运动的魅力和价值。

（三）体育艺术创作过程的第三阶段——艺术传达活动

艺术传达活动是体育艺术创作过程的第三阶段，它涉及艺术家选择合适的艺术媒介、运用艺术技巧和艺术手法，以及将艺术作品传达给观众的过程。

首先，艺术家需要选择合适的艺术媒介。不同的艺术媒介有着不同的表现力和限制，艺术家需要根据自己的创作目标和所要表达的内容选择合适的媒介。在体育艺术创作中，艺术家可以选择绘画、雕塑、摄影、电影、动画、设计等多种媒介来展现体育运动的魅力。例如，艺术家可以选择绘画来创作体育主题的作品，利用色彩、线条、形状、光影等元素来展现体育运动的动态和情感。或者，艺术家也可以选择雕塑，通过空间、体积、质感等因素来呈现体育运动的力度和节奏。

其次，艺术家需要运用艺术技巧和艺术手法。艺术技巧和艺术手法是艺术家表达自我和沟通的工具，它们帮助艺术家将构思中的审美意象转化为具体的艺术形象，使之能够被观众理解和欣赏。在体育艺术创作中，艺术家可以运用写实、象征、抽象、表现、超现实等多种艺术手法，来描绘和阐释体育运动的精神和情感。例如，艺术家可以运用写实的手法，精细地描绘体育运动员的形象，突出他们的力量和坚韧。或者，艺术家也可以运用抽象的手法，通过形状、色彩和节奏的对比和变化，表现体育运动的激烈和紧张。

最后，艺术家需要进行艺术传达。艺术传达是艺术创作的最后一步，它涉及艺术家将自己的艺术观念和体育情感通过艺术作品传达给观众的过程。艺术家需要以开放和包容的态度，接纳不同观众的不同理解和反馈，让艺术作品与观众进行交流和对话。在体育艺术创作中，艺术家需要通过艺术作品让观众能够感受到体育运动的激情和魅力。艺术家的创作意图和情感需要通过艺术作品的形式、内容和语言得以传达，与观众产生共鸣。

综上所述，体育艺术创作的第三阶段是艺术传达活动，它涉及艺术家选择合适的艺术媒介、运用艺术技巧和艺术手法，以及将艺术作品传达给观众的过程。这个阶段是艺术创作的最后一步，通过艺术作品的呈现和传达，使观众能够理解和欣赏体育艺术作品，体验其中所蕴含的体育运动的魅力和价值。

三、体育艺术创作的心理
（一）体育艺术创作中的心理现象
1. 感兴

感兴作为体育艺术创作的心理现象，代表着艺术家对生活或体育的感受和兴趣的诞生，是艺术创作的起点。而在体育艺术创作中，感兴更是重要，因为体育艺术中有着生动活泼的运动元素，有着人与人之间竞争的情感冲突，更有着胜利与失败的激烈情感对抗。这些元素都是艺术家产生感兴的源泉。比如，在观看一场篮球比赛的过程中，艺术家可能被球员的灵活移动、卓越的运球技巧、精准的投篮技巧等所吸引，产生对篮球运动的深入了解和描绘的欲望。或者在看一场体操比赛时，被体操运动员在空中翻飞、做出各种复杂动作的身体美所感动，产生想要用画笔捕捉那一瞬间美的冲动。这些都是感兴在体育艺术创作中的表现。

同时，感兴也涉及艺术家对生活情感的理解和转化。比如，艺术家可能会对运动员在比赛中受伤却坚持比赛的坚韧精神感到深深感动，产生了用艺术的形式去描绘运动员坚韧不拔的精神风貌的冲动。这种对生活情感的理解和转化是需要艺术家具备高度的感性和理性才能做到的。然而，要注意的是，真正的艺术创作需要艺术家在感兴的基础上，进行艺术构思，然后通过艺术传达，最终将其变成艺术作品。每一步都需要艺术家投入极大的精力和情感，而每一步也都是体育艺术创作过程中不可或缺的一部分。

2. 困惑与焦虑

困惑与焦虑在体育艺术创作中同样存在，且具有显著的影响。体育艺术创作中涉及的元素非常丰富，有体育项目本身的特性、运动员的动作、情感的流露等等。这些多元复杂的因素使得艺术家在创作过程中常常会遇到一些困扰，会有一些迷惑，会感到焦虑。例如，艺术家在描绘一场足球比赛时，可能会感到困惑，不知道如何才能准确地传达比赛中的紧张气氛，如何描绘球员瞬息万变的动作，如何展现观众的情绪。他可能会思考，是用动态画面展示比赛的紧张，还是通过球员的表情描绘比赛的激烈，还是通过观众的喊叫来传达比赛的热烈。这些问题可能都让艺术家陷入深深的困惑之中。

此外，焦虑也是艺术家创作过程中不可避免的情绪反应。例如，艺术家可能会被赋予一项任务，要求他在限定的时间内完成一幅体育主题的艺术作品。这时，艺术家可能会感到焦虑，因为他可能担心自己无法在规定的时间内完成这项任务，或者担心自己的作品无法达到预期的效果。这种焦虑可能会对艺术家的创作产生消极影响，使他的创作受到限制。

只记得注意的是，这些困惑与焦虑也能推动艺术家不断探索，找到新的创作方式，突破自我，让艺术作品具有更深的内涵和更高的艺术价值。因此，虽然困惑与焦虑是艺术创作过程中不可避免的心理现象，但它们也是推动艺术家创新，提高艺术作品质量的重要动力。

具体到中国古代艺术家，他们更喜欢自由的创作方式，因为这种方式可以让他们避免焦虑，更好地表达自己的情感和思想。这种追求自由、避免焦虑的创作态度，实际上也是中国传统艺术精神的一种体现。但在当今社会，因为各种原因，艺术家常常需要在一定的时间内完成特定的创作任务，这种压力可能会引发艺术家的焦虑，但同时也可能激发出他们的创新灵感，促使他们创作出更具有冲击力和感染力的作品。

3. 想象

想象在体育艺术创作中同样占据着核心的地位。它是创作的源泉，也是艺术表达的关键。对于一个体育艺术家来说，他的任务就是将生动的、充满激情的体育比赛场面以及运动员和观众的情绪以艺术的形式表现出来。这不仅需要艺术家具备丰富的想象力，而且需要他能够将这些想象转化为具体的艺术形象，进一步表现出体育比赛的精神和情感内涵。

想象力的主观性体现在体育艺术创作中的是艺术家如何通过自己的情感和视角去感知体育现象，以及如何对这些体育现象进行解读和表达。比如在描绘一场激动人心的篮球比赛时，艺术家可能会选择将焦点放在球员们奋力拼抢的场景上，而不是比赛的胜负，以此来表现篮球比赛的激烈和运动员的坚韧精神。

想象力的自由性则体现在艺术家可以自由地构建和改变他的艺术形象。比如在创作一个体操运动员的雕塑时，艺术家不仅可以根据现实中的体操动作来创作，他还可以结合自己的想象，以一种超越现实的方式来表现运动员在空中翻滚跳跃的优美姿态，以此来突出体操运动的艺术美。

想象力的综合性意味着想象不仅仅是一个抽象的思考过程，它还需要与其他心理活动和艺术实践相结合，以便在创作过程中发挥更大的作用。比如，艺术家在创作一个足球主题的绘画作品时，他需要将他对足球比赛的想象与他的绘画技巧相结合，才能创作出生动逼真的足球比赛场景。

例如，一位体育艺术家可能会想象一个滑冰者在冰面上舞动的场景，他将使用自己的画笔和颜料，通过色彩的搭配、线条的流动、光影的处理等技巧，把这个滑冰者的动态美、舞台气氛、观众的期待感等元素全部融入画作中。在这个过程中，艺术家的想象力、创新能力、艺术表现技巧等都得到了全面的运用和发挥，最终完成了一幅体现了运动的力量和美感的体育艺术作品。

4. 理解、感悟与直觉

在体育艺术创作中，理解、感悟与直觉同样至关重要。这三个元素相互交织、相互影响，构成了艺术创作的核心。

（1）在体育艺术创作中，理解是必不可少的。对于体育艺术家来说，他们需要理解他们描绘的体育项目的运动员、比赛规则、策略等。例如，如果一个艺术家想要创作一幅描绘马拉松比赛的画作，他需要深入理解马拉松运动员的训练过程、比赛过程、身心状况等，以及马拉松比赛的规则、特点、精神等。只有深入理解，艺术家才能真实地表现出体育项目的特点和内在精神，才能使作品具有深度和内涵。

（2）感悟也是体育艺术创作中的关键要素。体育艺术家需要通过他们的感悟，捕捉到体育比赛中的闪光点和瞬间。例如，在观看体操比赛时，艺术家可能会被一个特定的动作或者瞬间吸引，他们通过感悟，能够捕捉到这个瞬间的美感和力量，从而将其融入他们的艺术作品中。

（3）直觉在体育艺术创作中同样发挥着重要的作用。在许多情况下，体育艺术家在创作过程中会依赖他们的直觉，以决定如何表现某个运动员、某个动作、某个瞬间等。直觉往往帮助艺术家捕捉到那些难以言表的元素，使他们的作品更加生动和有力。例如，在描绘一位篮球运动员投篮的瞬间时，艺术家可能会根据他的直觉，用某种特殊的颜色和线条来表现运动员的力量和决心。

在体育艺术创作中，理解、感悟和直觉是艺术家必须具备的三种心理能力。他们需要通过深入理解体育比赛，通过感悟比赛中的闪光点和瞬间，通过直觉来捕捉那些难以言表的元素，从而创作出深度和内涵都很丰富的体育艺术作品。

5. 情感

在体育艺术创作中，情感起到了至关重要的作用。在描绘运动员、比赛瞬间或体育精神等主题时，艺术家的情感经验将深深地影响他们的作品，从而使作品具有更深的层次感和更丰富的表现力。

（1）艺术创作中的情感确实具有综合性。这其中既包括艺术家对生活的情感反应，比如他们对运动比赛的热爱、对运动员坚韧不拔的精神的敬仰、对比赛胜败的喜怒哀乐等；也包括他们在艺术创作过程中产生的审美情感，例如他们在创作过程中体验到的愉悦、痛苦、满足、挫折等；还有他们在面对某个特定主题时的创作冲动，这种冲动可能源于他们对主题的深深吸引、对主题的深入理解、对主题的独特见解等。艺术家的情感反应是丰富多样的，他们在创作过程中会经历各种各样的情绪波动，这些情绪波动将深深地影响他们的艺术作品。

（2）情感是艺术创作的原初动力。艺术家在创作过程中，首先要有情感的驱动，才能开始他们的创作。这种情感驱动可能源于他们对某个体育项目的热爱、对某个运动员的敬仰、对某个比赛瞬间的激动等。没有情感的驱动，艺术创作就会变得无趣，甚至无法开始。情感是艺术家创作的动力，它为艺术创作提供了源源不断的燃料。

（3）情感是推动艺术家想象力展开的动力。情感激发了艺术家的想象力，使他们能够在脑海中构建出各种各样的画面，这些画面可能是对真实运动比赛的描绘，也可能是对未来可能发生的运动比赛的设想，甚至可能是对运动比赛的夸张、变形、抽象等艺术处理。情感和想象力相互影响、相互激发，共同推动艺术创作的进程。

（4）情感是判断艺术家想象是否合理的标志。在抒情性作品中，艺术家通常会把自己的情感投射到作品中，作品的情感色彩将直接反映艺术家的情感状态。如果艺术家的想象中的画面能够触动他们的情感，那么这个画面就是合理的，反之则是不合理的。这种情感的判断并非理性的逻辑判断，而是直接感知、直接体验，这就是艺术家的直觉。

（5）在体育艺术创作中，情感的重要性更是无法忽视。当我们欣赏一幅体育主题的画作时，我们不仅可以欣赏到艺术家的绘画技巧，也可以感受到艺术家的情感投入。我们可以从作品中感受到艺术家对运动比赛的热爱、对运动员的敬仰、对比赛胜败的激动等情感。这些情感将使艺术作品更具吸引力，也将使艺术作品更有深度。例如，当艺术家描绘一场激动人心的篮球比赛时，他们可能会被比赛的激烈程度、运动员的坚韧精神、观众的热情等元素所吸引，这些元素将激发他们的情感反应，从而推动他们的艺术创作。在创作过程中，艺术家可能会体验到各种各样的情感，包括激动、紧张、快乐、挫折等，这些情感将深深地影响他们的作品，使他们的作品更具表现力和感染力。在观众欣赏这幅画作时，他们不仅可以欣赏到艺术家的绘画技巧，也可以感受到艺术家的情感投入，这将使他们更能理解和欣赏这幅画作。因此，情感在体育艺术创作中起着至关重要的作用。

（二）艺术创作中的心理思维

1. 形象思维

体育艺术创作中的形象思维是一种通过创造和转化运动形象来表达艺术理念的思维方式。艺术家在创作体育艺术作品时，首先要对体育运动的形象、动态和精神有一个深入的理解和感悟，然后通过他们的想象力和创造力，将这些理解和感悟转化为具体可见的艺术形象。

（1）体验和构思的过程是形象思维的基础。艺术家需要深入到体育场合，亲身体验运动员的训练、比赛和生活，深入理解运动员的精神世界和动态表现，然后在脑海中构建一个对这些体验和理解的综合形象。这个形象不仅包括外在的动作和表情，还包括内在的精神状态和情感体验。

（2）想象力是形象思维的关键。艺术家需要运用他们的想象力，将这些形象进行组合、转化和升华，创造出一个独特的艺术形象。这个艺术形象可能是一个具体的运动员，也可能是一场特定的比赛，也可能是一个抽象的体育精神。艺术家的想象力是形象思维的独特力量，它能够超越现实的限制，创造出富有艺术感染力的艺术形象。

（3）情感是形象思维的动力。艺术家的情感体验和情感表达是他们创造艺术形象的驱动力。他们的情感投入将使他们的艺术形象更具感染力和生命力。他们的情感体验将深化他们对体育运动的理解，他们的情感表达将使他们的艺术形象更具感人力量。例如，当一个艺术家创作一幅足球比赛的画作时，他需要通过观看和参与比赛，理解运动员的精神状态和动态表现，然后在脑海中构建一个足球比赛的形象。然后，他需要运用他的想象力，将这个形象进行组合、转化和升华，创造出一个具有感染力的艺术形象。在这个过程中，他的情感体验和情感表达将给他的艺术形象注入生命力，使他的作品具有强烈的艺术感染力。

2. 抽象思维

在体育艺术创作中，抽象思维也发挥着至关重要的作用。抽象思维的过程包括提炼、概括、分类、分析和比较等一系列的思维活动，这些都是体育艺术创作过程中不可或缺的环节。通过抽象思维，艺术家能够更深入、更精确地理解和表达体育的内在精神、价值观念和社会意义。

（1）在体育艺术创作中，抽象思维首先表现在作品主题的选择和提炼上。艺术家通常会根据自己的理解和感悟，从复杂的体育现象中提炼出核心的主题，比如胜利的喜悦、挫败的痛苦、比赛的紧张气氛、运动员的精神风貌等。这个过程需要艺术家通过抽象思维，把握住体育现象的本质特征，然后通过艺术的方式加以表现。

（2）抽象思维在作品的构造和布局上也发挥着重要作用。艺术家需要运用抽象思维，分析和理解体育运动的动态变化，然后在艺术作品中以合适的构图和布局来展现这些变化。这个过程需要艺术家具备高度的抽象能力，能够把握住体育运动的动态规律，同时也能够以艺术的视角进行表现。

（3）抽象思维还体现在艺术家对体育精神的理解和表达上。体育精神是一种抽象的概念，包括公平竞争、自我超越、团队合作、不服输的精神等内容。艺术家需要通过抽象思维，深入理解这些抽象的精神内涵，然后通过具体的艺术形象来进行表现。例如，一个艺术家在创作一幅描绘马拉松比赛的画作时，可能需要通过抽象思维提炼出"坚韧不拔"这一主题，然后通过对比赛场景、运动员神态、观众反应等元素的精心构造，来展现马拉松运动员坚持到底的精神风貌。在这个过程中，艺术家的抽象思维能力是关键，它不仅能帮助他深入理解体育精神，还能帮助他以艺术的方式生动地表现出来。

3. 灵感思维

在体育艺术创作中，灵感思维起着决定性的作用。就像运动员在体育竞技中需要敏锐的洞察力和机智的反应一样，艺术家在创作过程中也需要灵感的瞬间启示，以点燃创作的火花。这种灵感往往源自对体育活动的深入理解和个人的独特见解，是艺术家对于运动员的精神状态、运动动态、竞技场面等元素的新颖诠释。

然而，灵感并不是凭空出现的。它通常是在艺术家长期的思考、研究和实践中产生的。在体育艺术创作中，艺术家需要深入研究体育运动的规律，对运动员的精神状态、比赛规则、竞技场面等各种元素进行深入的观察和理解。只有在这种深入的理解和感悟的基础上，才可能在某一瞬间突然产生新的概念或意象，引发创作灵感。例如，当艺术家观察一个跳高运动员的动作时，他可能会注意到运动员跳跃的力量和优雅，以及他在空中的姿态。这种观察可能会引发艺术家的灵感，使他想到用特定的艺术手法或形式来描绘这一场景，比如通过速写来捕捉运动员跳跃的瞬间，或者通过油画来表现运动员在空中的姿态和表情。

这种灵感思维不仅需要艺术家具有对体育运动的深入理解和敏锐的洞察力，还需要他具有丰富的艺术创作经验和技巧，以便能够有效地将灵感转化为实际的艺术作品。而一旦灵感产生，艺术家则需要迅速抓住这一瞬间的启示，因为灵感是稍纵即逝的，如果不立即采取行动，可能就会失去捕捉灵感的机会。因此，灵感思维在体育艺术创作中起着极其重要的作用，是推动创作进程的重要动力。

四、体育艺术创作方法

体育艺术创作方法是与艺术家的世界观、价值观、审美情趣、天赋、秉性紧密联系在一起的，是认识生活和表现生活的创作指向与原则。换句话说，就是指艺术家在创作过程中，对主体思想感情和客观生活的关系所持的基本态度和所遵循的基本原则。最有影响力、最经久不衰的创作方法主要是现实主义创作方法与浪漫主义创作方法两种。

（一）现实主义创作方法

现实主义创作方法在体育艺术创作中有着广泛的应用，这是因为体育活动本身就是现实生活的一部分，充满了动态、情感和挑战，它反映了人的决心、毅力和对胜利的渴望。艺术家通过现实主义的手法，可以准确地描绘出运动员的动作，表现出比赛的紧张和刺激，揭示出背后的人性和社会真相。

（1）艺术描绘的客观性是现实主义创作方法的一个重要特征。在体育艺术创作中，这意味着艺术家需要真实地描绘出运动员的形象、动作和比赛情境。例如，一个画家在创作一幅足球比赛的油画时，需要真实地描绘出球员们激烈争抢的场景，展现他们汗水飞溅、奋力拼搏的瞬间。这需要画家具有良好的观察力和绘画技巧，以便能够准确捕捉到现场的动态和情绪。

（2）艺术形象的典型性是现实主义创作方法的另一个关键要素。在体育艺术创作中，艺术家需要通过塑造典型的运动员形象和比赛场景，来揭示体育竞赛的本质和规律。例如，一个雕塑家在创作一尊马拉松运动员的雕塑时，可能会选择一个努力冲刺、坚韧不屈的运动员作为原型，通过他的形象来象征马拉松的长距离、艰难和毅力。

（3）表达思想情感的隐蔽性是现实主义创作方法的另一个重要特征。在体育艺术创作中，艺术家的思想和情感并不直接呈现给观众，而是隐藏在作品的每一个细节之中。例如，一个摄影师在拍摄一场拳击比赛的照片时，他可能会通过拍摄角度、光线和构图，巧妙地表达出他对拳击运动的敬畏和对拳击手坚韧不屈精神的赞美。

通过以上讨论，我们可以看到，现实主义创作方法在体育艺术创作中发挥着重要的作用，它能够帮助艺术家真实地再现体育活动的魅力，揭示出人类在面对挑战和困难时的毅力和决心。无论是通过画笔、镜头还是石膏，艺术家都可以利用现实主义的手法，生动地再现体育的激情和动力，让观众在欣赏艺术作品的同时，感受到体育精神的力量和魅力。

（二）浪漫主义创作方法

在体育艺术创作中，浪漫主义创作方法同样占有重要的地位。它使艺术家得以将他们的情感，包括对体育精神的热爱，对比赛胜负的期待，对运动员英勇风采的赞美，倾注到作品中，从而创作出富有感染力和表达力的体育艺术作品。

（1）浪漫主义强调艺术家主观情感的流露，这一特点使得体育艺术创作更具生动性和真实性。比如，一位舞蹈编导可能通过观察和感受体育比赛，将其激烈的竞技气氛、运动员们坚韧的意志以及比赛胜负的起伏，转化为一部动感十足的舞蹈剧。这部舞蹈剧的编导和表演，都充满了浓厚的个人情感色彩，因此能够更深入人心，更加打动观众。

（2）浪漫主义艺术作品常常带有幻想的色彩，用一种生活中不可能存在的力量实现人类的愿望。这一点在体育艺术创作中的体现，可能是对某一瞬间的夸大描绘，或是对某一运动项目理想化的展现。例如，一个插画家可能会创作一幅篮球赛事的插画，描绘一个篮球运动员在空中停留的瞬间，把篮球投向篮筐。虽然在现实中，这个运动员不可能长时间在空中停留，但是这样的创作方式却更好地表达出了篮球运动中的动感和激情，也展示了运动员超越自我，追求胜利的决心。

（3）浪漫主义创作方法注重塑造充满激情的情感形象，以此明确地表达作者的主观认识与情感倾向。在体育艺术创作中，艺术家们经常通过人物的塑造，淋漓尽致地展现出他们对体育精神的理解。比如，一位雕塑家可能会创作一尊马拉松运动员的雕塑，展现出他坚韧不屈、永不言败的精神风貌。这种雕塑作品往往充满了感人的情感色彩，让人深深地感受到运动员们在比赛中的执着和坚持，从而更加深入地理解体育精神。

总的来说，浪漫主义创作方法在体育艺术创作中发挥了重要作用，它使得艺术家们能够以富有感染力的方式，真实、生动地再现体育的魅力，传达出他们对体育精神的理解和热爱。

第二节　艺术作为体育元素的体育艺术创作

艺术作为体育元素的体育艺术创作是在保持体育自身特点的基础上，增添一定的艺术元素，以增强体育艺术的审美价值，其本质仍是体育。因此，这类体育艺术的创作不同于艺术创作，而是以体育特点为本，艺术元素为辅来创作，不能本末倒置，否则会影响此类体育艺术项目的本质属性。

一、体育艺术创作的主体与客体

艺术家是艺术创作的主体，其生活积累、思想倾向、性格气质、艺术修养是艺术创作得以顺利开展并最终完成的基础和前提。

艺术客体是与艺术主体相对的主客观审美事物，是艺术主体实践的对象。

人类的艺术活动不能离开客体，更不能离开主体，艺术是主体与客体的辩证统一。

（一）主体（编创者）

体育艺术创作的主体——教练员、教师、编导、运动员、学生以及健身者等，他们各自在创作活动中扮演不同的角色，但是他们的共同目标是为了实现艺术创作的目标，也就是创作出有深度、有质感、有内涵的体育艺术作品。

首先，教练员、教师和编导作为体育艺术创作的主体，他们主要负责创作的初步构想、创作方案的设计、创作内容的制定、创作过程的指导以及创作效果的评价等工作。他们在创作活动中起着引领和指导的作用。他们的创作活动是基于对体育规则、技巧、运动员能力、艺术规律等多方面因素的深入理解和掌握，以及对体育艺术创作的灵感、创意和构思的运用。

以一个舞蹈编导为例，他可能会通过观察不同的体育活动，从中获取灵感，然后结合自己对舞蹈艺术的理解和把握，设计出一个结合体育和舞蹈元素的舞蹈作品。在设计的过程中，他需要充分考虑到舞蹈演员的技术能力、体育项目的特点、观众的接受度等因素，使得创作的作品既具有艺术性，又具有体育性，从而吸引和打动观众。

其次，运动员、学生和健身者作为体育艺术创作的主体，他们主要负责对教练员、教师和编导的创作构想和内容进行实际操作和实施，把创作的理论转化为实际的艺术作品，通过自己的表演向观众展示和传递创作的理念和主题。他们在创作活动中起着实施和表现的作用。他们的创作活动是基于对教练员、教师和编导的创作理念、创作内容的理解和领悟，以及对自己的技术能力和艺术修养的运用。

以一个运动员为例，他可能会通过理解和学习教练员设计的运动动作，结合自己的运动技术和艺术表现力，进行实际的训练和表演。在训练和表演的过程中，他需要充分展示自己的技术水平，同时也要表现出自己的艺术感染力，以便让观众感受到运动的魅力和艺术的美感。

体育艺术创作的主体不仅包括了教练员、教师、编导、运动员、学生和健身者等参与者，同时也包括了观众。观众的反馈、评论、赞赏和批评都是对体育艺术创作的一种反馈和鼓励，有助于创作者对自己的创作进行反思和改进，使得体育艺术作品更加接近于真实生活，更能打动和感染观众。

（二）客体（体育艺术项目）

体育艺术项目作为体育艺术创作的客体，包含了各种各样的形式和风格，它们的存在和发展是由社会、文化、科技、教育等多方面的因素决定的。它们不仅仅是体育运动的具体表现形式，也是文化艺术的重要载体，通过体育艺术项目，人们可以体验和欣赏到体育与艺术的美感和魅力。

1. 竞技性体育艺术项目

竞技性体育艺术项目是最早出现并最为广泛的一种体育艺术形式，如花样滑冰、艺术体操等。这类项目以参赛并取胜为主要目标，追求技术的精确和完美，表现力的丰富和深沉，以及艺术性的高雅和独特。例如，花样滑冰中的旋转、跳跃、滑行等动作，不仅需要运动员具备极高的技术能力，还需要他们能将这些动作融入自己的表演中，以此来表达自己的情感和主题，使得观众能感受到运动的美感和艺术的魅力。

2. 健身性体育艺术项目

健身性体育艺术项目则是以健体康复为主要目的，如健美操、瑜伽、太极拳等。这类项目强调的是动作的规范和流畅，身体的协调和平衡，以及精神的放松和愉悦。例如，瑜伽通过一系列的体位法、呼吸法和冥想法，帮助人们提升身体的柔韧性和力量，调整呼吸和心态，达到健身和养生的效果。

3. 表演性体育艺术项目

表演性体育艺术项目是随着社会文化的发展而产生的，如街头篮球、极限运动、街舞等。这类项目以表演、娱乐为目的，强调的是创新和自由，个性和表达，以及激情和活力。例如，街头篮球不仅需要运动员具备高超的篮球技术，还需要他们有出色的表演能力和创新意识，通过各种花式运球、扣篮、投篮等动作，展示自己的技术和个性，吸引观众的目光和掌声。

尽管体育艺术项目在形式和目的上存在着差异，但它们都遵循了体育艺术创作的基本原则和过程。首先，体育艺术创作需要遵循项目的特点和规律，尊重人的生理和心理规律，同时也要注重艺术的原创性和独特性；其次，体育艺术创作需要通过观察和思考，获取和处理信息，设计和修改动作，进行反复的试验和修改，最终形成完整的作品；最后，体育艺术创作还需要考虑到作品的实用性和接受性，使得作品能够在实践中得到应用，受到观众的喜爱和赞赏。通过这一系列的过程，体育艺术作品才能够呈现出来，从而实现体育艺术创作的目标。

二、体育艺术项目的构成要素

体育艺术项目成套动作都是由一些基本要素构成的，主要包括动作技术、伴奏音乐、动作完成的时间、顺序、路线，器械的空间变化，服装与道具的装饰等。因此，动作、音乐、时间、空间、装饰是进行体育艺术项目创编必不可少的基本元素。

（一）动作

体育艺术的创作过程就像是用笔绘画一样，动作就是我们手中的笔，每一笔、每一画，无论是大小、长度、形状，还是节奏、速度，都会对整个作品产生影响，形成其独特的韵律和艺术效果。

在体育艺术项目中，动作的形式多种多样，既有对称性和不对称性的动作，大幅度、中幅度和小幅度的动作，也有同时进行和依次进行的动作，甚至是变节奏的动作。比如在花样滑冰中，运动员可能会进行一系列的旋转、跳跃和翻滚，这些动作都是围绕着人体的关节，通过神经系统的指挥、肌肉的收缩和舒张来完成的。这些动作的组合和变化，使得整个表演富有动感和艺术感。

而每一个动作，无论其形式如何，都有其构成要素。首先是位置，包括人体在空间中的位置和四肢相对于躯干的位置；其次是节奏，包括动作之间的时间关系，例如动作的速度、强度和频率；最后是动作的过程，包括动作的路线、方向和时间。这些要素的变化和组合，就会形成不同的动作形式和风格，比如健美操动作的刚劲有力，艺术体操动作的优美舒展。

在体育艺术创作中，动作的选择和组合是至关重要的。我们需要根据自己的特点，选择适合自己的动作，然后依据目标（竞技、健身或表演）和项目的特点和规律，将这些动作有机地组合起来，形成一套完整的动作。这就像是在绘画中，我们需要选择适合自己的颜色和线条，然后依据画面的主题和风格，将这些颜色和线条有机地组合起来，形成一幅完整的画。通过掌握和应用动作的要素，我们就可以创作出富有动感和艺术感的体育艺术作品。

（二）音乐

音乐作为体育艺术项目的关键组成元素，起着画龙点睛的作用。音乐不仅给运动员在创作和执行动作时提供了节奏和韵律，也在整个体育艺术表演中营造了特定的氛围，增加了观赏者的感官享受，从而提升了整个体育艺术表演的审美价值。

以艺术体操为例，演员通过配合音乐的节奏和旋律，展现了一系列旋转、抛物、跳跃等动作，使整个表演在视觉和听觉上都达到了和谐统一。音乐的节奏与速度不仅严格控制了动作的节奏和速度，而且还对动作的编排起到了关键的组织和串联作用。音乐的风格，如柔情、激昂、庄重等，也影响和指导着动作的风格。

音乐的强弱变化直接影响着动作的力度与起伏。一段热烈奔放的音乐可以引导出强烈、激进的动作，而柔和的旋律可能诱发出柔和、流畅的动作。曲调与节奏的变化，如高低起伏、节奏快慢，都能激发动作的变化，如快速旋转或慢速平衡，从而产生韵律感。

更重要的是，音乐不仅仅是动作的配乐，它还通过其旋律、和声、节奏和色彩，为整个体育艺术表演营造了特定的气氛，让观众沉浸在音乐和动作相互交织的美妙世界中，从而增强了体育艺术项目的艺术感染力，提升了其美学价值。因此，音乐与动作的结合是体育艺术项目创作过程中不可或缺的一部分。

（三）时间

时间是体育艺术项目的一个核心要素，它通过在乐曲的节奏和动作的连续性中塑造和体现。在体育艺术项目中，创作者需要细心考虑和把握动作的顺序和时间，以及这些动作与音乐的同步性。时间的合理运用能为整个表演注入更丰富的情感和艺术价值，使其在视觉和感官上呈现出丰富的韵律美。

以现代体操为例，运动员在执行一套精心编排的动作时，不仅需要考虑动作的准确性和技巧，还需要考虑这些动作在时间上的安排和分布。通过控制动作的快慢、节奏的强弱，体操表演可以展现出有规律的强弱、张弛、缓急、长短、快慢等变化，给观众带来不同的视觉体验。

例如，一段快速的音乐可以引导出快速、高强度的动作，而慢节奏的音乐可能更适合执行一些需要精细控制和平衡的动作。同样，动作的强弱也可以与音乐的节奏相匹配，快速强烈的音乐可以激发出力度大、疾速的动作，而轻柔的旋律则更适合柔和、流畅的动作。

通过这种方式，时间不仅在体育艺术项目中起到了组织和连贯的作用，也赋予了整个表演更丰富的情感和韵律美。因此，创作者在编排体育艺术项目时，必须认真考虑和处理好时间这一关键要素，使之与动作和音乐相互协调，共同创造出令人难忘的艺术体验。

（四）空间

空间是体育艺术项目中的另一个要素，不仅表现在动作的具体执行空间，如舞台或赛场，也表现在动作的方向、路线、空间层次以及集体队形的变化等方面。

在特定的空间中执行动作，一方面受到空间条件的制约，例如体操运动员需要在赛场的特定区域内执行各种动作；另一方面，特定的空间也为动作创编提供了可能性和灵感，如舞台上的表演者可以利用舞台的空间来设计和执行各种动作。

动作的方向和路线是空间使用的重要部分。例如，篮球运动员在比赛中需要运用各种移动和拦截路线，这些路线不仅影响比赛的结果，也增加了比赛的观赏性；同样，在艺术体操中，运动员也需要考虑器械的运动方向和动作的路线，以确保动作的准确性和艺术性。

空间层次的应用则体现在动作的上下、前后、左右等各个维度。例如，在现代舞蹈中，舞者可以通过利用不同的空间层次，来表现不同的情绪和主题，使舞蹈更具有深度和立体感。

集体队形的变化则体现在团队比赛或团队表演中。例如，在队列操表演中，队形的变化是表演的重要组成部分，不仅需要精确的配合和严格的训练，也需要巧妙的设计和创新思维。

因此，在进行动作创编时，我们需要充分考虑和利用空间这一要素，通过强化动作队形的变化性和空间的层次性，使整套动作变得更加丰富和独特，从而提升体育艺术项目的艺术性和观赏性。

（五）装饰

装饰在体育艺术项目中扮演了极为重要的角色，它为整个表演增添了艺术性和审美观赏价值。艺术装饰包括服装、道具、灯光等各种元素，每一种都对表演的效果产生深远影响。

服装是体育艺术表演的重要组成部分，适当的服装设计可以提升表演的整体视觉效果，同时也能强化表演的主题和风格。例如，冰舞选手通常会选择与音乐主题和舞蹈风格相匹配的服装，这种服装不仅有助于演绎音乐的情感，还能进一步强化表演的艺术效果。颜色、布料、剪裁和装饰等方面的选择，都可以反映出表演者的风格和个性。

道具在体育艺术项目中也起着至关重要的作用。它们不仅丰富了表演的内容，增强了表演的视觉效果，而且是体育艺术创新的重要工具。例如，在艺术体操中，球、绳、圈、棒和彩带都是重要的道具，它们既是表演工具，也是表演元素，使得体操表演变得更具变化和挑战。

灯光作为装饰的一部分，也对表演有重要影响。适当的灯光设计能够强化表演的氛围，突出表演的主题，同时也能为表演者和动作增添艺术效果。例如，在舞蹈表演中，暖色调的灯光可以营造温馨、浪漫的氛围，而冷色调的灯光则可以营造神秘、激烈的氛围。

综上，艺术装饰是体育艺术项目中不可或缺的要素，它通过服装、道具和灯光等各种方式，增强了体育艺术项目的艺术性和观赏性，使之具有更大的吸引力。

三、体育艺术项目的创编原则

（一）目的性原则

目的性原则是体育艺术项目创编中的一个关键原则，它明确了创编的方向和目标，为创作者提供了一个创作的引导。目的性原则要求创作者在考虑项目的结构、难度、特点、音乐风格、速度等因素的同时，以最终的目的或期望结果为创编的中心。

竞技性体育艺术项目，其目的通常是为了竞赛和获得优异的成绩。例如，艺术体操、冰上花样滑冰等项目，创作者需要在动作选择上展现独特性、创新性和时代感，在满足赛事规则的同时，也需要让动作展现出多样性、新颖性、流畅性和艺术性，以提升评判和观众的认同度。

表演性的体育艺术项目，则强调艺术性和观赏性。在创作过程中，创作者需要将舞蹈艺术元素融入其中，选取优美、新颖、高度艺术性的动作组合，以增强作品的艺术魅力和表演性。例如，现代舞、街舞等舞蹈表演，动作的设计和选择都需要高度艺术化，从而吸引观众并给他们带来视觉享受。

对于健身性体育艺术项目，如瑜伽、太极等，其创作目标则更倾向于提升身体健康和心理健康。创作者需要设计那些能够改善身体功能，促进骨骼与肌肉发展，提高身心健康水平的动作。

总的来说，目的性原则要求体育艺术项目的创作者明确创作的目标，无论是竞赛、表演还是健身，都需要将这个目标融入每一个创作细节中，这样才能使体育艺术项目的创作既具有实效性，又富有艺术性。

（二）针对性原则

针对性原则是体育艺术项目创编中非常重要的一个原则，这是因为不同的参与者，他们的年龄、性别、运动水平、接受能力和需求都有所不同，因此，在创编过程中，必须针对具体的情况进行有针对性的设计和调整。

对于健身性体育艺术项目，例如瑜伽或者普拉提，创作者需要考虑参与者的年龄、性别、运动水平、接受能力等因素。例如，对于老年人，应当避免安排过于激烈或难度过高的动作，更应着重于提升关节活动度和肌肉力量的维持；对于运动新手，创编的动作应以易学、易做为主，避免使其产生挫败感，从而影响其参与热情。

对于竞技性体育艺术项目，例如花样滑冰或者艺术体操，首先需要充分了解运动员的特点和技术特征，然后根据这些特点进行动作的设计和编排。例如，跳跃能力强的运动员可以加入更多的跳跃动作，柔韧性好的运动员则可以加入更多的劈叉、平衡和大踢腿等动作，力量型运动员则应当设计更多的力量型动作，如俯卧撑、支撑等。

此外，还要考虑项目的特点，如单人和集体项目。单人项目的重点是动作的丰富、独特和难度，而集体项目则更注重整体性和一致性，如队形的对称或均衡，同步与配合动作的组合，以及全队动作造型的整体效果。

总的来说，针对性原则要求体育艺术项目的创作者充分考虑参与者的特点和需求，以及项目的特点，进行有针对性的动作设计和编排，以满足不同参与者的需求和期望，提升体育艺术项目的吸引力和参与度。

（三）科学性原则

科学性原则是体育艺术项目创编过程中的核心原则之一，要求创作者根据人体解剖学、运动生理学等科学知识来设计和编排动作，以实现对运动效果的优化和运动损伤的防控。

在健身性体育艺术项目的创编中，例如普拉提或者瑜伽，创作者需要充分了解人体的肌肉、韧带、关节和内脏器官的运动规律和机能，选择能够全面发展身体各部位和改善内脏器官机能的动作，同时避免由于运动负荷过大或不合理而导致的运动性疲劳。例如，瑜伽动作的创编应考虑到对柔韧性、力量、平衡和呼吸的训练，而不仅仅是注重某一个方面。动作的难度也需要根据参与者的身体条件进行适当的调整，以防运动损伤。

在竞技性体育艺术项目的创编中，例如花样滑冰或者艺术体操，科学性原则的应用则表现在如何通过合理的动作组合和先进的技术来提高动作的质量，同时预防运动损伤。例如，在花样滑冰中，创作者需要充分考虑运动员的身体条件和技术水平，设计出既能展示运动员技术特长，又能在保证安全的前提下挑战运动员技术极限的动作和组合。

（四）艺术性原则

艺术性原则在体育艺术项目的创编中扮演着至关重要的角色，它不仅影响着项目的审美价值，同时也影响着观众的感受和评判结果。因此，体育艺术项目在创编时应注重艺术性，以展示其独特的魅力和个性。

首先，整体结构设计的艺术性是创编的基础。比如在编排体操动作时，我们需要构思出有节奏感、张弛有序、高潮迭起的整体结构，才能吸引观众的注意力并引导他们的情绪。举例来说，在一套花样滑冰表演中，开场动作的设计应吸引观众的目光，随后通过逐渐升级的难度和变化来达到高潮，最后以极具艺术性的收尾动作结束表演。

其次，音乐选配的艺术性也至关重要。在艺术体操、花样滑冰等体育艺术项目中，音乐往往能推动整个表演向前发展，为动作和情绪提供背景和支持。例如，一首旋律优美、节奏鲜明的音乐可以有效地凸显体操动作的流畅和优雅。

再次，队形动作设计的艺术性也应被充分考虑。在集体体操或者啦啦队表演中，队形的变化和动作的编排应能体现整体的和谐和统一，同时还需要突出每个运动员的特点和优势。例如，优美的旋转队形可以展示队伍的整齐和协调，而独特的跳跃动作则可以展现运动员的技术水平和个性。

健身性和表演性的体育艺术项目对创编的艺术性要求甚至更高。如瑜伽、舞蹈等，它们更像是一种艺术表演，需要兼顾身体的运动和艺术的表达。因此，除了考虑动作的科学性和针对性，还应注重其艺术性，以满足人们对美的追求和欣赏。

（五）创新性原则

创新性原则是体育艺术项目创编中的核心原则之一。不断探索、创新和改变是推动体育艺术项目发展的关键，可以赋予项目更多元化和吸引力，使其在竞技舞台上与众不同。

在健身性体育艺术项目创编中，创新可以从多个方面实现。例如，通过改变动作方向、动作节奏、动作路线、动作组合以及队形和造型，能赋予传统的健身动作新的视觉效果和体验感受。以瑜伽为例，传统的瑜伽动作可以通过创新的变化组合，例如加入独特的扭转、平衡或拉伸动作，使其更具有挑战性和趣味性。

同时，吸收并融入不同风格的健身动作和舞蹈动作也是一种创新方式。例如，摩登舞、拉丁舞、街舞等舞蹈形式的动作，都可以融入健身操中，让其更富有动感和表现力。而在音乐的选择上，也可以选择与传统不同的音乐类型，如民乐、西洋乐、打击乐等，配合动感的健身操，可以引发观众更强烈的情感反应。

对于竞技性体育艺术项目，创新更具挑战性，也更为重要。从动作的创新、队形的创新、连接的创新、音乐的创新等方面进行创新，可以使得竞技体育艺术项目具有更高的竞争力和观赏性。例如，花样滑冰运动员可以尝试新的跳跃、旋转和滑行技巧，或者创新性的编排不同的动作序列，来吸引评委和观众的注意。同时，通过选用不同的音乐和创新的表演方式，可以使得表演更富有艺术性和感染力。

四、体育艺术项目的创编过程

创编过程是指体育艺术项目的创编步骤与流程。有序地进行这些步骤，可以提高创编的效率及质量，同时有利于我们分析成套动作的结构及形式，以便进行下一步的修改工作。体育艺术项目的创编过程一般分为以下七个步骤：

（一）总体设计

体育艺术项目的创编过程是一种深思熟虑和富有创意的艺术过程，这其中的第一步通常是总体设计。这种设计过程可以从两种主要的方法出发，根据不同的目标和资源来适应不同的需求。

第一种方法是由创编者根据他们对整个表演的整体设想来进行设计。这种方法首先要求创编者将整个表演划分为几个主要的部分，比如开始部分（例如造型或者入场）、主体部分以及结束部分（例如造型或者退场）。然后，创编者需要为每一个部分设计主要的队形和运动路线，并确定每个部分的大致节奏。最后，根据整个表演的风格、结构、长度和速度，创编者需要选择并编辑合适的音乐来配合表演。以体操团队表演为例，创编者可能会在开始部分设计一些富有创意的入场方式，例如运动员以特定的阵型或者形态进入竞技场。在主体部分，创编者可能会设计一系列的动作和编排，以展现运动员们的协作和技巧。在结束部分，创编者可能会设计一些印象深刻的造型和表演，为整个表演画上一个完美的句号。

第二种方法是先选择音乐，然后根据音乐的特点来设计整个表演。这种方法首先需要根据表演的风格来选择合适的音乐，然后根据音乐的结构、节拍、高潮起伏等元素来确定表演的总体结构。例如在现代舞表演中，创编者可能会选择一首既能体现表演风格，又能引导舞蹈动作和节奏的音乐。然后，创编者将根据音乐的起伏和高潮来设计舞蹈的动作和编排，使得舞蹈和音乐能够完美地结合在一起。

（二）制定目标

制定目标是体育艺术项目创编过程中的关键步骤。在总体设计确定之后，创编者需要明确他们的目标，以便使整个创编过程有明确的方向和焦点。

首先，明确的目标可以使创编者有一个清晰的视野和目的地，使创编者能够更好地决定如何配置他们的资源，包括时间、人力和物力。此外，明确的目标也能帮助创编者更好地评估他们的进度，及时调整他们的策略，以确保他们能够高效地完成他们的任务。

具体的目标可以根据项目的类型和具体需求来制定。例如，如果创编者正在创编一个竞技体育艺术项目，他们的目标可能是设计出一套能够突出运动员技能和团队协作的表演。或者，如果他们正在创编一个健身体育艺术项目，他们的目标可能是设计出一套能够全面锻炼身体，提高身体健康和美感的动作。例如，在创编一套舞蹈表演时，创编者可能设定的目标是让观众在观看表演的同时，能够理解和感受到表演所传达的主题和情感。这可能涉及选择合适的音乐，设计具有表现力的动作，以及考虑表演的整体布局和节奏。

(三) 构思成套动作风格

在体育艺术项目的创编过程中，构思成套动作的风格是至关重要的一步。每一种体育艺术项目都具有其独特的风格和特点，这就如同每一位艺术家都有自己独特的画风。风格的选择对于展示项目的特色和增加项目的吸引力有着至关重要的作用。

当创编者开始构思一套新的体育艺术项目时，他们首先需要考虑的是项目的特点，如项目的类型（竞技或健身）、创编的目的（比如，是为了竞赛还是为了普及健身）以及表演者的身体条件、技术水平、表现力等。这些因素都会影响到成套动作的风格。

例如，如果创编的是一套竞技体育艺术项目，那么可能需要选用一种更加激进、独特的风格，以展现运动员的技术水平和精神风貌；而如果创编的是一套健身体育艺术项目，那么可能需要选用一种更加轻松、优雅的风格，以吸引更多的人参与。

此外，创编者还需要考虑到动作素材的选择和动作形态的设计。举例来说，如果创编者在创作一套现代舞蹈作品，他们可能会选择一些流动、自由、灵活的动作，这样的动作可以表现出现代舞的自由与创新；而如果创编者在创作一套古典舞蹈作品，他们可能会选择一些规整、优雅、精致的动作，这样的动作可以表现出古典舞蹈的优雅与庄重。

(四) 选择素材

在体育艺术项目的创编过程中，选择合适的素材是至关重要的一环。创编者需要根据项目的性质和整体框架，收集并筛选出最符合要求的动作素材，这一步骤需要创编者具备一定的艺术审美和动作分析能力。

首先，创编者需要广泛收集和研究各类动作素材，这些素材可以来自其他艺术形式，如舞蹈、戏剧、武术等，也可以来自日常生活中的自然动作，如走路、跑步、跳跃等。这个过程就好比一个画家收集色彩，或者作曲家收集音符一样，是非常重要的准备工作。举例来说，如果创编的是一套具有中国传统文化特色的体育艺术项目，那么创编者可能会从中国传统的舞蹈、武术中选取一些特色动作作为素材；如果创编的是一套现代舞蹈作品，那么创编者可能会选择一些自由、灵动、具有现代感的动作作为素材。

在收集了大量的动作素材后，创编者需要对这些素材进行分类和整理，比如可以根据动作的形态、力度、节奏等特点进行分类。然后，创编者需要考虑每一类动作在整个体育艺术项目中的位置和作用，是否能够和整个项目的风格、主题、结构等相吻合。

最后，创编者需要把这些动作素材带入实际的创编过程中，看看这些动作在实际中是否可行，是否能够有效地表现出创编者想要表达的主题和情感。通过这种方式，创编者可以逐步确定出最适合项目的动作素材，为接下来的创编过程打下坚实的基础。

（五）分段创编

分段创编是体育艺术项目创编过程中的关键环节，它将全套动作分解为更易于操作和掌控的小部分，通常包括开始部分、主体部分和结束部分。这种创编方式的优点是能够有针对性地构思和设计每一部分的动作和队形，从而实现整个作品的协调和完整。

开始部分是整个项目的"导引"，一般以优美的造型或动感的队形出场，配以中速或慢速的音乐，它在给观众留下第一印象的同时，也引领出整个作品的节奏和风格。例如，在体操项目中，运动员可能会采用一系列的柔和和流畅的动作作为开头，用以展现运动员的技术和风格。

主体部分是整个项目的"主旨"，其动作幅度大、节奏快、动作多，是全身性运动，一般包括了项目的基本动作和高潮动作。在主体部分中，创编者需要巧妙地安排动作的节奏和高潮，如有两个高潮，则一般分别安排在前半部和后半部，以保持观众的观赏兴趣和激发观众的感情。

结束部分是整个项目的"尾声"，动作速度一般会减缓，动作幅度和范围也会减小，往往会有静止的造型作为结尾，以呼应开始部分，同时给人以美的享受和深刻的印象。例如，芭蕾舞中常见的舞者在舞蹈结束时采用一个优美的静态姿势，以此为舞蹈画上一个完美的句号。

整个分段创编过程中，连接各部分的过渡动作至关重要，要做到过渡自然、顺畅，这样才能使整套操看上去流畅、有节奏感，使观众在欣赏时能感受到一种有始有终的完整性和连贯性。

（六）组合成套动作

这一阶段要将前期分段创编的各部分动作进行有机的结合，以达到完整、协调和流畅的效果。

在组合成套动作时，一种常见的方式是以音乐节拍进行组合。通常，我们会以4×8拍为一段进行动作的编排，这样的划分让整个动作更具有节奏感和连贯性，同时也方便与音乐进行对应。

例如，在舞蹈创编中，创作者可能会根据一段4×8拍的音乐设计一套相应的舞蹈动作，通过动作的变换、重复或逆序等方式，来匹配音乐的节奏和旋律。完成一段后，创作者再根据下一段4×8拍的音乐编排相应的动作，如此反复，直至整个舞蹈动作编排完成。

当然，这个过程中还需要不断检查动作之间的过渡是否自然、流畅，确保整体效果的协调和连贯。例如，从主体部分转向结束部分时，应逐渐降低动作的强度和速度，给观众以适当的过渡，以达到最好的观赏效果。通过这样的创编方法，可以使体育艺术项目更具有观赏性和艺术性。

（七）评价与修改

在体育艺术项目的创编过程中，评价与修改是必不可少的环节。评价与修改的目的是使动作成套更加合理与完善。这需要通过反复配合动作与音乐的练习，从整体角度进行分析，考虑路线、音乐配合、场地运用的合理性，以及动作的面向、角度、方向对幅度和美感的影响，队形转换的观赏效果，高潮的自然性和形式，以及音乐运用的恰当性等。通过评价的过程，发现不合理之处并进行修改，以使成套动作达到最佳状态。最后，对成套动作进行详细记录，最好以图文并茂、简洁明了的形式进行，以便日后的参考和复习。举例来说，一个舞蹈团队编排了一套优美的舞蹈动作，经过评价与修改，他们发现在某个转换处的队形不够流畅，经过修改后使之更加协调，从而使整个舞蹈呈现出更好的观赏效果。

第三节 体育艺术作品的意境与风格

体育艺术作品的意境与风格是体育艺术家在艺术实践中所表现出来的相对稳定的创作个性与鲜明的艺术特色，是体育艺术创作团队智慧的结晶。

一、体育艺术作品的意境

过去，体育学科仅有"情景"一词，少见"意境"一说。所以，掌握体育艺术作品的意境，必须到艺术学科去追问它的来龙去脉。

（一）对意境的追问

意境这个概念在中国美学中占有重要地位，它是艺术家的审美理想与具象景物的融合，即情与景的结合。它呈现出朦胧之美、超越之美以及自然之美。在体育艺术作品中，意境的深刻程度和自然性常常与作品的艺术效果紧密相关。

举例来说，2008年北京奥运会的会徽是一个典型的体育艺术作品中意境的展现。这个会徽被称为"舞动的北京"，它在形式上采用了中国传统的篆刻风格，将"京"字演化为舞动的人形，阴文反映出来的形状象征了"新北京"的理念。这个会徽采用了中国人尊崇的朱红色，这种颜色象征太阳、火焰和鲜血，代表了吉祥、繁荣和生命的活力。

在这个会徽中，我们可以看到朦胧之美的体现。尽管它的设计是具象的，表现了北京和奥运会的主题，但在形式上却保持了一种隐晦和含蓄，让人在观赏中产生无限联想。超越之美在于这个会徽不仅仅是北京或奥运会的象征，更是中国文化和奥林匹克精神的融合，呈现了一种超越具象表现的深远寓意。而自然之美则体现在其设计的流畅与和谐，就像自然界中的事物一样，没有刻意雕琢，却给人留下深刻的印象。

在体育艺术作品的鉴赏中，理解和感受作品的意境是极其重要的。因为意境往往决定了作品的深度和内涵，它可以帮助我们理解艺术家的创作意图，感受作品所要传达的情感，从而达到更高的审美享受。

（二）对体育艺术作品意境的理解

体育艺术作品的意境是设计者的体育审美理想与客观景物的融合。体育艺术作品的意境是其作品的文化软实力。对体育艺术意境的理解，要从朦胧之美、超越之美和自然之美三个角度，去逐渐感悟其深刻的内涵。

1. 体育艺术作品的朦胧之美

在体育艺术作品中，朦胧之美实际上是一个精巧而微妙的艺术手法，设计者利用这种手法巧妙地引导观众进入作品的世界，从而引发观众的情感共鸣和内心体验。

例如，在2008年北京奥运会的开幕式上，整个开幕式以"文明之光"为主题，设计者将中国的文明历史、自然景观和人民生活的各个方面巧妙地融入表演中，如传统的农耕文明、丝绸之路、大运河等元素，让人在朦胧中体验到中华文明的博大精深。尽管这些元素在视觉上并不明确，但是通过舞台设计、灯光效果、演员的表演等方式，让人们感受到一种难以言喻的美，这就是朦胧之美的体现。

同样，体育运动本身的动态和瞬间也是朦胧之美的一种展现。一个完美的体育动作，如花样滑冰选手翩翩起舞的瞬间、篮球运动员在空中完成扣篮的一刹那，这些都是朦胧之美的体现。尽管观众无法清楚地看到运动员的每一个动作细节，但是却可以感受到那种动态的、流动的美，这种美既含蓄又内敛，需要观众去细细品味和感悟。

因此，理解体育艺术作品的朦胧之美，就是要学会在观赏过程中，透过表面看到其深层的内涵和情感，感受到设计者的创新理念和审美追求，从而更深入地理解和欣赏体育艺术作品。

2. 体育艺术作品的超越之美

体育艺术作品的超越之美，是体育艺术作品对于人类精神价值的追求和表达，这种美常常出现在对人性、对生活理解的层面，反映了艺术创作者深厚的情感投入和生活体验。例如，顾拜旦的《体育颂》的诗情画意，已远远超越了体育肢体运动和肢体语言的现实，已经引领人们进入了向往人类生存的公平、正义、和平的神圣的意境。再如，体育摄影作品也常常充满了超越之美。摄影师通过镜头捕捉体育运动员在运动场上的一瞬间，表达出超越肉体，追求精神的超越之美。一张赛跑选手冲刺终点的瞬间，一张篮球运动员在空中扣篮的画面，都能让人看到超越挑战，追求胜利的人性力量。在摄影作品中，我们不仅看到了运动员的技艺，更看到了他们背后的坚韧与不屈，这是超越了体育的意义，表现出了生活的哲理和人性的光辉。

体育艺术作品的超越之美，不仅让我们感受到了艺术的魅力，更让我们感受到了生活的深度和宽度，提醒我们去理解和欣赏生活中更高、更广阔的精神风景。

3. 体育艺术作品的自然之美

体育艺术作品的自然之美，是一种无需过多修饰和雕琢，直接从体育运动本身出发所体现出的美。这种美来自人类对于自身体能、技艺的探索和极限挑战，它既展示了运动员的专业精神，也展现了人类对于超越的不懈追求。

例如，我们可以在很多现代舞蹈作品中看到体育艺术作品的自然之美。这些作品的创作，既有高度的技术性，也有丰富的情感表达。创作者通过对舞者的身体动作和技巧的精妙设计，呈现出一种让观众仿佛能够感受到舞者身体力量和灵活度的自然之美。

例如，在很多现代芭蕾舞作品中，舞者的柔韧度和力量是被高度强调的。他们在台上的一跃一旋，一折一扭，都在展示着身体的极限挑战和超越。观众可以从中感受到那种纯粹的身体美，那种由肌肉、骨骼、皮肤构成的完美的人体形态。

除了舞蹈作品，一些体育运动的摄影作品也展示了体育艺术作品的自然之美。比如，一张运动员在比赛中全力冲刺的照片，一张跳水运动员在空中做动作的瞬间的照片，它们都展示了运动员们为了追求卓越而努力拼搏的情景，这些照片的美，就是一种自然的、无需修饰的美。

在理解和欣赏体育艺术作品时，我们应该从艺术和体育的交汇点出发，去感受那种源自于运动本身，而又超越运动的自然之美。这种美，是真实的，是质朴的，是人性的，它既体现了运动的精神，也映射出我们生活的真谛。

二、体育艺术作品的风格
（一）关于体育艺术作品的风格

体育艺术作品风格的确立，是在体育艺术创作过程中形成并不断巩固的，是创作团队用以展现其独特艺术观念和审美情趣的方式，它既反映了体育艺术家的创作思想和技艺水平，又折射了社会文化环境的影响。体育艺术作品的风格，可以使作品脱颖而出，令观众感到新颖和独特。例如，在舞蹈中，不同风格的体育艺术作品体现在舞者的动作设计、音乐选择、舞蹈剧情等方面。有的作品以力量和速度为主，展现出体育运动的激情和动感，例如街舞；有的作品则注重技巧和表现力，如芭蕾舞。这些作品各具特色，都吸引着不同的观众。

体育艺术作品风格也体现在体育场馆的设计上。比如，北京奥运会主场馆"鸟巢"，它独特的钢结构设计、巧妙的环保理念，都体现了中国传统艺术和现代科技结合的风格。同样，英国伦敦奥运会主场馆"鱼鳍"的设计，其简洁、现代、环保的设计风格也展现了英国对于奥运精神的理解。

总的来说，体育艺术作品的风格是由艺术家的个人风格和社会文化环境相互作用形成的，它在具体的艺术作品中得到体现，并通过艺术作品影响观众的审美体验。而有风格的体育艺术作品，就具有更强的吸引力和竞争力，能够在市场中脱颖而出，吸引更多的观众。

（二）体育艺术作品风格的分类

体育艺术作品一般以体育运动为主题，把体育运动员的精神面貌、风采和运动的特性表现出来。体育艺术作品的风格分类与一般艺术作品的分类类似，具体可以根据多种因素进行分类，如艺术形式、艺术风格、主题内容等。

（1）根据艺术形式分。

①绘画：包括油画、水彩、素描、版画等。

②雕塑：包括青铜雕塑、石雕、木雕、泥塑等。

③摄影：体育摄影。

④影视：体育电影、纪录片等。

（2）根据艺术风格分。

①现实主义：这种风格的艺术家力求逼真地描绘运动员的形象和动态，将运动的激烈瞬间永久定格。

②表现主义：这种风格的艺术作品更强调表达艺术家的情感和对运动精神的理解，形式上可能比较夸张、变形。

③抽象主义：这种风格的艺术作品可能只描绘运动的基本元素，形式上可能非常简洁、抽象。

④后现代主义：这种风格的艺术作品可能会结合多种风格，或者用讽刺、戏谑的方式表达对运动的看法。

（3）根据主题内容分。

①体育英雄：描绘著名的运动员或者重要的体育赛事，表现他们的风采和精神面貌。

②体育精神：通过描绘运动员的比赛瞬间，传达体育精神，如永不放弃、团队合作等。

③普通人的运动生活：描绘普通人的运动场景，表现他们的运动乐趣和生活态度。

这只是对体育艺术作品风格分类的一种大致的理解，实际上体育艺术作品的风格和分类会根据艺术家的创作理念和技术手段的不同而有很大的变化。

体育艺术作品的风格，可以使作品具有独特的个性和魅力，吸引不同的观众群体。这种风格可以从体育运动员在场地上的表现，到大型体育赛事的开幕和闭幕式，再到体育主题的电影和电视剧等各种形式的体育艺术作品中体现出来。比如，如果我们观察一部体育电影，我们可以看到电影的拍摄风格、剧情设定、人物塑造等方面的艺术特色。这些都是体育艺术作品风格的具体表现。

（三）体育艺术作品风格的主要特征

1. 个体性与社会性相统一

体育艺术作品的个体性来自创作者的独特观察和创新精神，这体现在作品中的个性化元素、独特的艺术技巧和视角。而社会性体现在作品所传达的社会价值观，如对公平竞争、团队合作、自我超越等核心体育精神的弘扬。这种个体性与社会性的统一使得作品既具有个人风格，又能引起广大观众的共鸣。例如，2022年的北京冬奥会，开幕式上融合了中国传统文化元素与现代科技，强调绿色、共享、开放、廉洁的奥运理念。创作团队不仅展示了个体性的艺术才华，同时也满足了社会对于环保、和谐、公平的要求，形成了个体性与社会性的有机统一。

2. 稳定性与变异性相统一

稳定性反映在体育艺术作品的风格中，创作者在表达风格上的一致和连贯性，这是他们个人特色的展示。而变异性则表现在创作者如何根据社会变迁和观众需求，调整和创新他们的艺术表达方式和主题。这需要艺术家有敏锐的洞察力和创新精神。例如，体育电影的风格，从早期的简单直接，到现代更注重人性的探索和情感的表达，这种变化是为了适应观众不断变化的审美需求。

3. 多样性与一致性相统一

体育艺术作品的多样性体现在不同的艺术领域，如音乐、舞蹈、电影等。每一种艺术形式都可以通过自己的方式表达体育精神，形成各自的风格。一致性则体现在所有这些作品都致力于表达体育的核心价值——努力、坚韧、团结、公平竞争等。体育艺术作品可以是各种形式和风格，比如，有现代派的体育舞蹈，也有古典主义的体育雕塑，体现了多样性。但是，所有的体育艺术作品都是以体育为主题，体现了对运动精神的赞美，这就是它们的一致性。

4. 差异性与全面性相统一

体育艺术作品的差异性体现在作品的独特性上，每一个作品都是创作者对体育精神的独特解读和表达。全面性则体现在作品要尽可能全面地展示体育的各个方面，如竞技性、观赏性、教育性等，从而展示体育的全貌。比如，《功夫足球》这部电影，就通过融合了功夫元素的足球比赛，展现了独特的差异性。同时，也要注重全面性，比如，体育广播，既需要关注比赛的细节，又要把握整个比赛的大局，展现出全面的比赛情况。

以上四个特征构成了体育艺术作品风格的多维度特性，这些特性相互影响，相互促进，形成了独特的体育艺术风格。

（四）体育艺术作品风格在实践中的体现

体育艺术作品的风格不仅是作品本身的特色，更是体现艺术家创作理念和观念的独特性。如同北京奥运会的奖牌那样，深深融入了中国的传统文化元素，不仅是对东西方文化交融的象征，也反映了设计者对体育精神的独特理解和体现。

健、力、美、境、艺五个词反映了体育艺术作品的大体风格。体育美在于展示人的本质力量，同时也展现了人在运动过程中从主体到客体的变化。在此基础上融入艺术的美，体现出人的审美意识，这是一种精神与物质的高度统一。体育和艺术的结合，使得体育不仅仅是肉体的竞技，更升华为精神的熔炉，体现出高尚的人文精神。

以评分类体育运动项目为例，运动员们在赛场上既展现出力与美的完美融合，又通过其个人特色和风格，展现出对运动和艺术的独特理解。艺术的元素被广泛地挖掘和运用，使得体育的审美价值得以提升和发展。

另一个例子就是体育雕塑。雕塑家通过他们的创作，成功地将体育运动员的力与美，甚至他们的精神境界，凝固在作品之中。这些作品既表现出体育运动的实质，也体现了艺术家对体育精神的理解和创新。

总的来说，体育艺术作品风格是艺术家和他们的团队生命力的体现。它是作品与众不同、引人入胜的关键，也是艺术家表达个人观念和社会价值观的重要方式。

第四节　体育艺术作品内容、层次及鉴赏

一、体育艺术作品的内容

体育艺术作品的内容是将体育与艺术相结合的创作成果，包含了艺术作品的精神内涵和表现形式的统一。彭吉象先生在《艺术概论》中指出：艺术作品既是内容与形式的统一，也是感性与理性的统一。体育艺术作品的内容形成代表着艺术家创作活动的完成，并标志着人们对作品的鉴赏的开始。这些作品不仅仅是艺术表达，也是一种文化符号，对于影响人们和教育人们具有特殊的意义。正如约翰·耶马所言，艺术作品具有强大的辐射力、滋生力和穿透力，对于国家文化软实力的展示起着重要作用，其影响力不容忽视。因此，体育艺术作品的内容既是创作者的灵感与情感的凝聚，又是观众与鉴赏者欣赏与体验的媒介，通过其独特的内涵和形式，体育艺术作品在社会中发挥着重要的作用，为人们带来艺术的享受和文化的传承。

（一）体育艺术作品的分类

体育艺术作品，无论是动态还是静态，或是动静结合的形式，都通过不同的方式向人们展现了体育的独特魅力和艺术的美学价值。体育艺术作品的分类是多元且丰富的，其核心理念是传达出人体运动中的美感，和人类追求卓越、挑战自我的精神。

1. 动态的体育艺术作品

这类作品强调的是活力、能量与律动感。例如，体操运动员的表演，或是舞蹈中的舞步动作，都可以说是动态的体育艺术作品。这类作品通过精妙的动作设计，展示了动态运动中的美感，赋予了观众强烈的视觉冲击力。再如，林丹的羽毛球比赛，他精准的击球技巧、华丽的步伐转换和强大的上网冲击，无不展示了运动的魅力和艺术感。

2. 静态的体育艺术作品

相比动态的体育艺术作品，静态的体育艺术作品更注重形象的呈现和表现力。一张精心构图的摄影作品，一座精巧雕刻的运动员雕塑，都可以是静态的

体育艺术作品。例如，马拉松运动员穿越终点线的瞬间，摄影师捕捉到的那份挥洒汗水后的释然与满足，就是一幅静态的体育艺术作品。

3. 动静结合的体育艺术作品

动静结合的体育艺术作品，既有动态的生动性，也有静态的艺术表现力。比如，花样滑冰运动就是动静结合的体育艺术作品的代表，它通过优雅的旋转和矫健的跳跃，将动作和音乐完美结合，营造出美感与韵律感。

总的来说，无论是动态的、静态的，还是动静结合的体育艺术作品，都各有各的独特魅力，它们通过艺术的方式展现了体育的力量，引导我们欣赏体育运动中的美感，体验人类对运动精神的挚爱和追求。

（二）体育艺术作品内容的要素

1. 体育艺术作品的题材

体育艺术作品的题材是体育和艺术交叉创作的基础元素。这些题材来自广泛的体育领域，包括具体的运动项目，运动员的生涯故事，体育赛事的瞬间记忆，甚至社会与体育的交融。艺术家通过对这些题材的选择和挖掘，创造出多元化的体育艺术作品，充分展现了体育的美学价值和文化内涵。例如，运动员的成长和竞技历程也是体育艺术作品的常见题材。电影《阿甘正传》中，阿甘的长跑形象，成为电影无法忽视的一部分，这不仅展示了长跑的魅力，也塑造了一位有着坚韧不拔精神的角色。

此外，体育艺术作品的题材还可以从体育的社会角度进行创作。以体育赛事为背景的作品，如电影《奇迹男孩》中对残奥会的深度描绘，通过艺术的手法弘扬了体育公平、坚韧和自尊的精神价值。

在体育艺术作品中，题材的选择是至关重要的。艺术家需深入探索、细致入微地挖掘题材中的故事和情感，才能创作出具有深远影响力和广泛共鸣的作品。通过这些作品，我们能看到体育的力量，感受到运动中的美感，体验到体育与生活、体育与社会、体育与文化的深度交融。

2. 体育艺术作品的主题

体育艺术作品的主题，就是创作者对其所选题材的深层次理解和洞察，是作品的灵魂和核心思想，体现了作者的主观情感和价值判断。主题的选择和展现，能够使体育艺术作品超越单纯的体育性质，而呈现出社会、历史、文化等更深层次的内涵。

例如，电影《无畏的心》以拳击为题材，主题却不仅仅关乎拳击，更是探讨了人性、荣誉、毅力和复仇等核心主题。电影通过激烈的拳击赛事和运动员的人生挑战，展现了一部人性的战争，成功地深入到了体育背后的社会和心理层面。

再比如，电影《奇迹》是以1980年冬奥会上美国冰球队与苏联冰球队的决赛为背景，深度探讨了团队合作和领导力的主题。电影通过饱受质疑的教练和年轻的队员们的合作，描绘了一个令人振奋的奇迹故事，也使得观众对于团队精神有了更深的理解。

在这些体育艺术作品中，主题的选择与创作者的社会观察、人生经验以及独特的艺术视角密切相关。创作者通过深入探索和理解题材，提炼出作品的核心主题，进而赋予作品更深远的意义和价值。这些主题不仅反映了社会的变迁和人性的挣扎，同时也塑造了观众对于体育的理解和体验。

3. 体育艺术作品的形式

体育艺术作品的形式，包括艺术创作中的风格、结构、色彩、线条、空间等，是艺术家用以表达作品主题和题材的手段。形式的选择和应用，可以帮助观众更好地理解作品的内容，也能增强作品的表现力和感染力。

首先，艺术形式能够反映作品的主题和情感。例如，体育电影《洛奇》以真实、热血的电影拍摄和剪辑风格，以及刻画人物性格的叙事结构，成功地传达了作品对于体育精神和毅力的颂扬。这种拍摄风格和结构形式使得作品的主题更加鲜明，并为观众提供了深入理解作品主题和情感的视觉和听觉体验。

另一方面，艺术形式也可以提升作品的审美价值。例如，体育摄影作品《飞跃巅峰》以其绝妙的构图、清晰的动态捕捉和对运动员坚韧精神的准确表达，赢得了观众的广泛赞誉。这张照片的构图和色彩选择，以及对运动员动作的捕捉，都让观众对于体育的力量和美有了更深刻的理解。

因此，体育艺术作品的形式是作品传达主题和情感，提升审美价值的重要手段。艺术家在创作过程中，需要充分考虑如何运用和组织不同的艺术形式，使其能够更好地服务于作品的主题和情感表达，从而创造出具有深远影响和广泛吸引力的体育艺术作品。

4. 体育艺术作品的内容与形式的关系

体育艺术作品中的内容与形式之间存在着密切的、相互依赖的关系。内容是艺术作品的灵魂，它提供了作品的主题，表达了艺术家的情感和观点。而形式是内容的外在表现，它使作品的内容以一种具体而生动的方式呈现出来，以触动观众的情感和想象。

内容决定形式，形式服从内容。例如，在北京奥运会的吉祥物——福娃的设计中，其内容是对和谐社会和奥林匹克精神的理解和表达，而形式则是五个充满动感、独具特色的卡通形象。它们各自代表不同的元素和寓意，如福娃"贝贝"象征着天空和奥运精神中的繁荣，"晶晶"代表大地和和谐，"欢欢"象征火和激情，"迎迎"代表水和健康，"妮妮"代表森林和自然环境。形式上的设计使这些内容得以清晰、生动地呈现。

另一方面，形式也影响着内容的理解和接收。比如福娃通过其明亮的颜色、活泼的造型和独特的动作，让全世界的观众感受到了中国的传统文化和民族特色，以及北京奥运会的欢乐、友爱、和平的主题。形式上的巧妙设计使这些深沉的主题内容变得更为直观和易于接受。

因此，体育艺术作品的内容与形式是紧密相连的。通过恰当的形式来表现内容，可以使艺术作品具有更强的表达力和感染力，同时也能够使作品的主题和情感更好地传达给观众。

二、体育艺术作品的层次

北京师范大学张同道教授认为："从艺术感知的角度看，艺术作品又可分为艺术语言、艺术形象和艺术意蕴三个层次。"体育艺术作品的层次与一般艺术作品的层次基本一致。因此，将体育艺术作品分为体育艺术语言、体育艺术形象、体育艺术意蕴三个层次。

（一）体育艺术语言

体育艺术语言是一种表达和传达体育艺术作品主题和情感的独特方式，也是体育艺术作品的核心要素之一。它通过运动员的技巧、动作、战术和表情等，展现了运动场上的激情、力量和美感。这种语言表达方式的独特性，使得体育艺术作品具有深厚的内涵和独特的魅力。

在各种艺术形式中，都存在着自己独特的艺术语言。例如，绘画中的线条、色彩和构图，音乐中的音调、节奏和和声，都是各自艺术领域内特有的表达方式。而在体育艺术作品中，运动员的姿势、动作和技巧，就构成了其独特的艺术语言。

举例来说，体操运动员通过复杂精准的动作、高难度的翻滚、优雅的舞蹈步伐等，将对美、力量和勇气的理解，通过体育艺术语言，生动、鲜活地表现出来。观众在观赏这些体育艺术作品时，不仅可以欣赏到运动员出色的技巧和高超的身体协调能力，还可以通过他们的表演，感受到艺术和体育的完美结合，体验到独特的审美享受。

在体育艺术作品的创作过程中，掌握和使用艺术语言非常重要。运动员需要通过熟练的技巧和动作，表达出他们对体育精神和人生哲理的理解。同时，他们还需要通过表情和肢体语言，将情感和情绪传达给观众。只有这样，体育艺术作品才能真正达到感动人心的效果。

因此，体育艺术语言是体育艺术作品的灵魂，是将运动员的技巧、情感和意志，转化为可以被观众理解和感受的表达方式。对于欣赏和创作体育艺术作品的人来说，学习和理解体育艺术语言，将会极大地提高他们的审美能力和创作水平。

（二）体育的艺术形象

体育艺术形象是体育艺术作品的灵魂，是艺术家通过运动者的行为、动作、技巧、情绪等元素，进行艺术概括并表达的结果。它以物化形象的方式，呈现出运动者的精神状态、理念和情感，使观众能够直观地感受到这些抽象的审美价值和意义。因此，体育艺术形象具有具体可感性、艺术概括性和审美特性。

1. 体育视觉形象

体育视觉形象是体育艺术形象的重要一环，它是我们通过肉眼直接感知的，包括运动员的动作、姿态、技巧，以及相关的绘画、雕塑和建筑等艺术形式。体育的视觉形象具有直观性的优点，能让观众立即感受到其形象的特点和美感，但对其更深层次的意义和价值的理解，需要通过深入思考和时间的积累来加深和领悟。

以2008年北京奥运会的"象形的文字"为例，这是一个极具艺术性的体育视觉形象。它将中国传统的象形文字与现代的体育运动完美结合，以独特的视觉艺术形式展现了中国文化的魅力和奥运精神的内涵。这些图案简洁明了，富有动感，不仅在视觉上吸引人，而且在文化上让人深思。

这些"象形的文字"运动项目图案，不仅是视觉艺术的创作，也是体育艺术的一部分。它们在奥运会的各个场馆、街道、手册、门票、纪念品、画册和邮票上出现，为观众提供了直观的信息，同时也富含深层次的文化和审美意义。观众可以直观地看到这些图案，感受到体育的力量和动态，同时也能够通过这些图案体验到中国文化的博大精深。

总的来说，体育的视觉形象不仅是体育艺术作品的重要组成部分，它也是体育艺术的一种有效表达方式，使观众能够更直观地感受到体育的美和力量。通过对体育视觉形象的研究和理解，我们可以更深入地欣赏和理解体育艺术作品，提高我们的审美水平和文化素养。

2. 体育听觉形象

体育听觉形象是体育艺术形象中的另一重要元素，它通过音乐、节奏和声效等表现方式，赋予体育活动更丰富的情感和艺术性。体育听觉形象的表现形式多种多样，既包括动作的节奏和韵律，也包括配乐和声效等。

体育活动中的听觉形象首先来自动作的节奏。运动员的动作节奏，就像音乐中的节拍，它为体育活动提供了基础的韵律感。例如，体育舞蹈的节奏感让人们即使闭眼也能感受到舞者的动作的飘逸和流畅。

此外，体育活动的配乐和声效也构成了听觉形象的重要部分。音乐能够唤起人们的情感，增强人们的感知，帮助人们更深入地理解和体验体育活动的内涵。例如，瑜伽的音乐通常都十分优雅且具有穿透力，使人遐想东方古老的文明，进入一种超越世俗的境地。

在大型体育赛事中，歌曲和音乐经常被用来塑造体育听觉形象，激发观众的热情，展示赛事的精神。例如，1990年北京亚运会上，韦唯演唱的主题曲《亚洲雄风》通过宏大的气势和深沉的音质，展示了亚洲人民的和谐友爱和运动员的奋斗精神。同样，1998年世界杯足球赛开幕式上，瑞奇·马丁演唱的《生命之光》充满了激情和活力，凸显了竞技体育的拼搏精神。2008年北京奥运会开幕式上，刘欢和莎拉·布莱曼演唱的《我和你》，则构建了体育文化的大爱和和谐的艺术形象。

体育的听觉形象不仅具有抽象性、多义性、朦胧性和不确定性，还需要考虑"音量科学"以及"节律人文"。这意味着在创作体育听觉形象时，既要考虑到音量和节奏的科学性，也要考虑到其在不同的文化背景、主题、年龄群体和听众中的接受度。

总的来说，体育听觉形象是体育与艺术的完美融合，它以音乐的形式为体育活动添加了更深层次的情感和艺术性，使观众在欣赏体育活动的同时，也能感受到丰富的艺术享受。

3. 体育文学形象

体育文学形象是通过文字和语言描绘和塑造的体育艺术形象。它包罗万象，既包括体育题材的诗歌、散文、小说，也包括报告文学等。体育文学形象的特性是其间接性，与视觉和听觉形象的直接感受不同，它通过语言和文字的表述，引导读者构建和想象形象。举例来说，顾拜旦的《体育颂》就是一首赞美体育精神的诗歌，它以诗歌的形式描绘了公平竞争和和平向往的体育形象，为读者呈现了体育的理想追求。

体育文学形象的优势首先表现在它既源于体育生活，又超越了生活，因此既能够激发读者的想象力和创造力，又能带来审美快感。其次，文学形象不仅能够描绘视觉和听觉的体育形象，也可以表现出触觉、嗅觉和味觉等更多维度的感知。最后，体育文学形象能够描绘静态和动态的形象，它既能描述人的行为，也能表达人的内心世界。

然而，体育文学形象的缺点在于，如果描绘的语言和文字缺乏时代感和艺术性，那么可能会给读者带来乏味和枯燥的感觉。因此，创作体育文学形象时，应注重语言和文字的选择和运用，以增加作品的吸引力和感染力。

4. 体育综合形象

体育综合形象综合了视觉形象、听觉形象和文学形象，创造出一个整体的艺术形象。例如，体育电影不仅展示了精彩的体育场景（视觉形象），同时也通过声音（听觉形象）和剧本（文学形象）来营造一个完整的艺术形象。

特别的，体育综合形象具有整体性，它们是一个完整的艺术形象，而不是单一的视觉、听觉或文学形象。其次，体育综合形象也具有集体创造性，体育戏剧和影视的艺术作品通常是由众多专家和学者共同创作完成的。

以2016年电影《摔跤吧！爸爸》为例，这部电影描绘了一位印度父亲通过摔跤训练，引导两个女儿走向体育道路的故事。影片融合了体育的视觉形象（激烈的摔跤赛场）、听觉形象（紧张刺激的比赛音效）和文学形象（感人的剧本故事），展现了一幅完整的体育综合形象，赢得了全球观众的热烈反响。

然而，体育综合形象虽然整体清晰，但有时在描绘局部形象时可能会出现模糊的情况，这需要我们在创作过程中要注意细节的处理。

无论是体育的视觉形象、听觉形象、文学形象还是综合形象，它们都是体育艺术作品的核心，每一种形象都具有其具体的可感性、艺术概括性和审美特性。理解并掌握这三个特性是设计体育艺术形象的基础。

（三）体育艺术意蕴

体育艺术意蕴是体育艺术作品的核心，是作品的深层次含义和精神内核。它携带了深远的思想性、多义性、模糊性和朦胧性，这些特点使得体育艺术作品富有迷人的艺术魅力。比如瑜伽，一种富有哲理和神韵的体育艺术形式，观看和体验瑜伽需要观者花费时间和精力去深入理解和感悟，其内涵的理解和领悟则需要进一步的深思和体验。

1. 体育艺术意蕴富有人文精神

优秀的体育艺术作品总是充满深厚的人文精神。这种人文精神反映了人类对人与社会、人与自然关系的正确理解和态度。如古希腊的雕塑作品《掷铁饼者》，它不仅展示了运动员的体能，更寓含了对人的坚毅、稳重、自信的理解和赞美，这就是深刻的人文精神的体现。在今天，我们看到体育运动中一些失去人文精神的异化现象，这使得动态和静态的体育艺术作品缺乏深刻的人文精神内涵。因此，富有人文精神的体育艺术作品对于社会具有重要的价值和意义，我们应该积极创作和推广这样的作品，为社会服务。

2. 体育艺术意蕴具有哲理性

体育艺术意蕴的哲理性是体育艺术作品最重要的特征之一，它主要体现在艺术作品中富有哲理的主题和深邃的思考。哲理性不仅在于作品的表现形式，更重要的是它能引导人们在有限的个体和特殊的现象中，看到无限的普遍和必然，从而达到思考生活、认识世界的目的。

以2008年北京奥运会的主题歌《我和你》为例，这首歌的歌词中，通过描绘第一人称和第二人称间的互动，以此体现出有限的个体之爱。然而，这首歌的意蕴并不止于此，其实质上体现的是全人类对无限、超越种族的大爱的追求和向往。这样的表达方式，既体现了艺术作品的哲理性，又赋予了作品丰富的艺术意蕴。它通过有限的语言和表达方式，却引领我们去思考无限的人类情感和价值观，这种在有限中寻找无限，寓意深长。

这样的哲理性让体育艺术作品超越了简单的运动表现，成为具有深刻思考和哲理探寻的艺术创作。这种深度和广度，是体育艺术作品赋予人们的精神食粮，也是体育艺术作品能够受到广大群众喜爱和认可的重要原因。

3. 体育艺术意蕴具有多意的模糊性

体育艺术作品的多意模糊性是一种常见且重要的艺术特性。它给予观众更多的理解和解读空间，使得每个人都可以从作品中找到自己的感触和理解。多意模糊性使艺术作品保持了开放性，激发观众的主观能动性，使得艺术作品的魅力不断地被发掘和展现。

举例来说，体育电影《奇迹男孩》中的主人公海恩斯在比赛中的表现，可以有多种不同的解读。有的观众可能会觉得他是一个勇往直前、无所畏惧的斗士，他的行为展现了体育竞技的精神；而另一部分观众可能会认为，他的行为更像是在追寻个人的尊严和自由，他的比赛不仅仅是对胜利的追求，更是对人性的挣扎和探索。这种多元化的解读方式，让《奇迹男孩》这部电影具有了丰富而深远的艺术意蕴。

同时，多意模糊性不仅仅体现在观众的解读上，艺术家自身对于作品的理解和看法也往往各不相同。这种差异，反映出艺术作品的复杂性和深邃性，使艺术作品更具活力和张力。在体育艺术作品中，这种多元化和开放性的特征更是明显，因为它不仅包含了艺术的元素，还包含了体育的竞技性，这就为艺术作品提供了更多的解读和理解的可能性。

4. 体育艺术意蕴具有渐进的感悟性

体育艺术意蕴的渐进的感悟性表现在，欣赏者在对体育艺术作品的反复品味和深入理解中，逐渐发现并领悟其内在的艺术思想和精神实质。这种领悟的过程往往是渐进的，需要时间的积累和心灵的磨砺。

这种渐进感悟性的特点使得体育艺术作品的魅力不仅在于其表面的表达，更在于深层的艺术意蕴。其意蕴并非一眼便可看透，而是需要观众逐渐品味和理解，才能感悟其深远的内涵。

举例来说，体育电影《洛奇》讲述的是一个普通人的坚毅和不屈，这种体育精神在电影中得到了充分的体现。然而，观众在反复观看电影、深入思考其内涵时，可能会逐渐感悟到更深层的意蕴——无论生活多么艰难，我们都应该勇敢地面对，永不放弃。这种渐进的感悟过程，既体验了电影的艺术魅力，又深刻理解了其深层的体育艺术意蕴。

所以，体育艺术意蕴的渐进感悟性，不仅提升了体育艺术作品的艺术价值，也使其拥有了更深远的社会影响力。

5. 体育艺术意蕴集中在精品中

体育艺术意蕴集中在精品中的观念，暗示着只有达到一定艺术水准的体育艺术作品，才能深刻体现出独特的艺术意蕴。这些作品往往通过精心的创意、卓越的技艺以及深远的思考，展现出其内在的艺术价值，同时也能唤起观众的共鸣和思索。

那些主要注重娱乐性、功利性或纪实性的体育艺术作品也许具有一定的艺术形象，但往往缺乏深厚的艺术意蕴。这是因为这些作品更多的是追求直观的表达和实际的效果，而非形而上的思考和抽象的表达，因此难以引发观众的深度思考和情感共鸣。

例如，2008年北京奥运会的火炬设计——"飞来祥云一抹，播撒和谐几多"就是一个典型的体育艺术意蕴的精品案例。火炬的设计灵感来源于中国传统的祥云图案，象征着和谐和祥瑞。祥云在中国传统文化中有着深厚的意义，常常被用来象征祥瑞和和平。此外，这个火炬的设计也代表着奥林匹克精神的传递和中国对世界的友好祝愿。尽管火炬的设计很简洁，但是通过这个设计，传递出了深远的文化寓意和人文关怀，使得这个火炬成为体育艺术精品。

（四）体育艺术作品三层次之间的关系

体育的艺术语言、艺术形象和艺术意蕴，作为完整的体育艺术作品的三个层次，三者之间各自分工不同，相互促进，是不可分割的有机整体。

在体育艺术作品中，作为第一层次的体育艺术语言，是表达和沟通体育作品的艺术意蕴和艺术形象之间信息的重要工具，即中介。因为体育艺术设计者的意蕴，都需要用良好的语言去沟通和表达，才能形成良好的艺术形象。作为第二层次的体育艺术形象是体育意蕴及其语言表现的最终结果，即体育艺术作品的物化形态。作为第三层次的体育意蕴是体育艺术语言和体育艺术形象的"灵魂"。如果体育的艺术语言和艺术形象失去其意蕴的灵魂，那么必将会降低其文化的品位，甚者沦为"重物轻人"的低俗文化。

实践证明，低水平的体育艺术观赏者重在"观物"（艺术形象），高水平的观赏者通过"观物"，重在"观人"（艺术意蕴）。例如，1985年，在首届中国体育美术作品展览会上,朱成展出了让人耳目一新的雕塑作品《千钧一箭》,该雕塑的材料是不锈钢,这已被忽略,而人赋予它的文化意蕴却成为重点。就如魏毅东先生所说:"在雕塑中,雕塑家使得石头不再是它本身,而是人体的某种'形象'或者其他什么。虽然作品中的材料,从自然科学的角度上讲还是石质的,但这时我们总是不把它看作一块石头,而是将它看作人体,并从中感觉到肌肤的细腻温润,或者将它看作有着某种意味的纯粹的图式。"

可见,在体育艺术作品中,体育的艺术意蕴是"灵魂",艺术语言是"中介",艺术形象是"终结",三者分工不同,相互促进,缺一不可。

三、体育艺术作品的鉴赏
(一)体育艺术鉴赏主体的差异

体育艺术鉴赏主体的差异主要体现在两个方面:横向差异和纵向差异。

横向差异:这主要指的是鉴赏主体对体育与艺术的认知程度的差异。不同的鉴赏主体可能对体育和艺术的理解有所不同,这可能是因为他们的知识背景、经历和兴趣点的差异。例如,一个舞蹈专业的鉴赏者在欣赏体育舞蹈时,可能更关注舞蹈的动作规定、男女舞者的配合等,而一个音乐专业的鉴赏者则可能更注重舞蹈的音乐和情绪表达。举例来说,一名经验丰富的足球教练和一名音乐教师在观看体育舞蹈时,他们的感受可能大相径庭。足球教练可能会注重舞者们的身体协调性、力量与耐力的表现,而音乐教师则可能会更关注舞蹈的音乐和情绪表达。

纵向差异:这主要指的是鉴赏主体在体育艺术鉴赏过程中的不同观点和趣味的差异。鉴赏主体的年龄、性别、智能、个性、职业和社会背景等因素都会影响他们的鉴赏习惯和评价标准。例如,年轻人可能更喜欢刺激、新奇的体育艺术形式,而中年人和老年人可能更喜欢有思想的艺术作品,能从作品中体验到更深的内涵和哲理。以一场花样滑冰表演为例,一个年轻的观众可能会更喜欢有创新性和高难度技术动作的滑冰表演,他们会对滑冰者空中旋转的次数、跳跃的高度等感到兴奋;然而,一个经验丰富的中年滑冰教练可能更加关注滑冰者的技巧和控制力,以及他们如何将滑冰和音乐、故事融为一体;而老年观众可能更喜欢情感深沉和节奏慢和的滑冰表演,他们可能会更注重表演者的艺术表达和音乐的配合,从表演中寻找到更深层次的感慨和哲理。

对于这两种差异，我们可以通过教育和训练来弥补。比如，可以通过学习体育和艺术的知识，提升鉴赏者的认知程度，弥补横向差异；也可以通过培养鉴赏者的审美习惯和评价能力，弥补纵向差异。

（二）体育艺术鉴赏的方式

体育艺术是由体育和艺术的融合而诞生的特殊形式。体育的竞技性和艺术的审美性在体育艺术中得到完美的统一，为观众带来了全新的审美体验。而这种体验的产生则与体育艺术的表现方式以及观赏环境有着密切的关系。

1. 大型赛事中体育艺术的鉴赏方式

在许多大型体育赛事中，我们可以看到体育艺术的身影，比如奥运会、全运会和各项世界锦标赛。在这些赛事中，艺术体操、水上舞蹈、花样滑冰和体育舞蹈等具有强烈艺术观赏性的项目被广泛展示。这些项目在体育竞技的同时，充分融入艺术的元素，以独特的方式展现出艺术的魅力。

例如在奥运会等大型赛事中，每项体育艺术的表现都需要遵循严格的技术规则和竞技标准。这一点可以通过赛事的转播和相关的书籍得到详细的了解。这些规则和标准在一定程度上限制了体育艺术的自由表达，但同时也给了观众一种全新的审美体验。它们既能体验到运动员高超的技术水平，也能欣赏到艺术的美感。

例如，2010年冬奥会上，韩国花样滑冰选手金妍儿的表演就是一个很好的例子。她身着黑色的舞蹈服，以电影《007》的音乐为背景，表演了一套充满美国百老汇风格的动作，完美地融合了技术和艺术。尤其是她模仿电影中的经典举枪动作，为整个表演增添了一种独特的艺术魅力。另一个例子是北京奥运会体操比赛中，中国选手程菲的表演。她在自由体操比赛中融入了中国的传统文化元素，用钢琴协奏曲《黄河》和京剧《锣鼓经》作为背景音乐，为全世界观众展示了中国文化的魅力。这些体育艺术的表演，通过体育的竞技性和艺术的感染力，赢得了观众的喜爱和欣赏。

总之，大型体育赛事是体育与艺术结合的重要舞台。在这些赛事中，运动员的技艺和体育精神被巧妙地融入各种艺术形式中，使人们在欣赏体育比赛的同时，也感受到了艺术的美感和魅力。在这样的大型赛事中，体育艺术的鉴赏方式主要有以下几种：

（1）通过现场观赏鉴赏体育艺术：现场观赏是最直观、最生动的鉴赏方式。现场的气氛和环境能够更好地引发观众的共鸣和情感投入，使观众在欣赏运动比赛的同时，也能更深入地感受到艺术的魅力。例如，在2016年里约奥运会的开幕式上大规模的视觉艺术表演，巧妙地融入了巴西的独特文化元素，使观众在欣赏精彩的体育比赛的同时，也感受到了浓厚的艺术氛围。

（2）通过电视转播和网络直播鉴赏体育艺术：随着科技的进步，电视和网络直播使更多的人有机会欣赏到大型体育赛事中的体育艺术表演。这种方式使体育艺术的鉴赏不再受到地域和时间的限制，人们可以随时随地欣赏到精彩的体育艺术表演。例如，2018年平昌冬奥会的花样滑冰比赛，在全球范围内吸引了大量的观众。运动员们的精彩表演和绚丽的装扮，加上电视和网络的高清画质，使观众仿佛置身于现场，深深被体育艺术的魅力所吸引。

（3）通过赛后分析和解说鉴赏体育艺术：对于一些复杂的体育项目，如艺术体操、花样滑冰等，观众往往需要专业知识才能更好地理解和欣赏。因此，通过赛后的解说和分析，可以帮助观众更深入地理解和鉴赏体育艺术。例如，通过解说员的专业解说，观众可以了解到艺术体操运动员在比赛中的技术难度、动作的完成质量、音乐与动作的协调性等方面的专业知识，从而更全面、更深入地欣赏体育艺术。

2. 以表演为目的的体育艺术作品鉴赏方式

在大型体育比赛之外，体育艺术还经常以表演的方式登上舞台，以此向观众展现其魅力。这种以表演为主的体育艺术，相较于竞技场上的表现，更为注重艺术性的表达，也更能抓住观众的心。在这种情况下，表演者不再受限于严格的竞赛规则，可以更自由地展现技巧，更多地将注意力投入艺术的表达上。

例如，2008年北京奥运会的开闭幕式，就为我们展示了体育艺术的魅力。艺术体操、武术、体育舞蹈和啦啦操等表演，充分展现了体育与艺术的完美结合，赋予了体育活动更深层次的艺术意蕴。这些表演使得观众在欣赏运动员精湛技艺的同时，也能感受到艺术的魅力。另一个例子是近年来在中国中央电视台热播的《冰舞炫歌》。在这个节目中，多位知名的歌手与冰舞选手共同表演，选手们随着音乐的旋律舞出流畅的舞步，现代化的舞美灯光以及选手的服饰、妆容设计，都增添了整个表演的艺术效果，为观众带来了独特的审美体验。体育艺术作品《飞舞》(《AEROS》)也是一部非常成功的作品。这个作品将体操、现代舞蹈、马戏等元素巧妙地融合在一起，展示了无尽的创新和独特性。在舞台上，体操表演者展示出强烈的力量和人体线条的美感，使得观众对体操这项体育运动有了全新的认识。

因此，以表演为目的的体育艺术作品鉴赏方式，与传统的体育比赛有所不同。它不再是对运动员技术的单纯评价，而是对艺术与体育的结合及运动员如何在舞台上以艺术的形式展现自己的技巧进行鉴赏。这种方式让观众在欣赏运动员的技巧的同时，也能感受到艺术的魅力，为观众带来了全新的审美体验。以下是几种主要的以表演为目的的体育艺术作品鉴赏方式。

（1）通过现场观赏：现场观赏是最直观的鉴赏方式，它能够让观众充分感受到表演的现场气氛，更好地理解作品的内涵。例如，Cirque du Soleil（太阳马戏团）的表演，就是将体操、舞蹈、音乐和戏剧等元素巧妙地融合在一起，创造出了一种独特的艺术形式。通过现场观赏，观众可以感受到表演者超凡的体操技巧，同时也可以欣赏到丰富的舞台设计、音乐和戏剧情节，从而获得一种全新的审美体验。

（2）通过录播节目观赏：许多以表演为目的的体育艺术作品会通过电视、网络等媒体进行播放。观众可以在家中通过电视或者计算机来观赏这些作品，更加方便快捷。例如，由美国冰上艺术团表演的"Stars on Ice"（冰上明星）是一场将冰上运动和音乐、舞蹈、戏剧等元素融为一体的表演，每年都会通过电视进行播放。观众可以在家中欣赏到运动员在冰面上的精彩表演，同时也能够感受到音乐和舞蹈的艺术魅力。

（3）通过赛后点评和解说：针对一些技术含量较高的体育艺术作品，观众往往需要专业的解说和点评才能更好地理解和欣赏。因此，赛后的点评和解说成为体育艺术鉴赏的重要方式。例如，在《冰舞炫歌》这样的节目中，每一次表演后，都会有专业的评委进行点评，解说员也会对表演进行详细的解说。通过他们的专业解说，观众可以更深入地理解运动员的技巧和表演的艺术价值。

总的来说，以表演为目的的体育艺术作品，旨在将体育的竞技性和艺术的感染力结合起来，为观众带来全新的审美体验。现场观赏、录播节目观赏以及赛后的点评和解说，都是鉴赏这种体育艺术作品的重要方式。

3. 以体育为题材的体育艺术形式的鉴赏方式

体育艺术题材广泛，形式多样，既有实用功能性的体育艺术作品，如体育摄影、音乐伴奏、体育场馆等；也有纯粹以审美为目的的体育艺术作品，如体育雕塑。

对于实用性的体育艺术作品，例如2008年北京奥运会的主赛场"鸟巢"，设计独特，形象鲜明，既满足了体育赛事的实用需求，又在设计上展现了艺术的独特魅力。鉴赏这类作品时，我们既需要注意其实用性，也要注意其在形式和设计上的创新。

然后，以审美为目的的体育艺术作品，例如体育雕塑，通过静态的形态表现体育运动中动态的瞬间，使得生命的力量和运动的美在雕塑中得以永恒。在郭家端的雕塑作品《不屈不挠》中，抽象的弓形三叉形象就巧妙地捕捉了体育运动中的弹性、力量和节奏。在鉴赏这类作品时，我们需要从其造型、结构、材质等方面去感受作品所表现的体育精神和力量之美。

总的来说，无论是实用性的还是以审美为目的的体育艺术作品，其鉴赏方式都要从作品的功能性和艺术性两个方面来进行。我们在欣赏作品形式美的同时，也能深入理解和感受作品所传递的体育精神和文化内涵。以下是几种以体育为题材的体育艺术形式的鉴赏方式：

（1）体育雕塑的鉴赏：体育雕塑是体育艺术的重要组成部分，它以立体的形象描绘了运动员的动态和精神风貌。例如，《奔跑者》（The Runner）是一座极具表现力的体育雕塑，它位于美国纽约市中央公园内，由斯蒂芬·安东尼·韦伯设计创作。这座雕塑以其巨大的尺寸和几何化的设计，吸引了无数的游客和艺术爱好者。首先，我们需要注意的是这座雕塑的尺寸和形状。高达14.6米的《奔跑者》以其几何化的线条和块面，创造出一个动态的奔跑者形象。韦伯巧妙地用钢铁材料和抽象的形式，描绘出奔跑者在运动中的力量和速度。尽管雕塑的形状简单，但它成功地传达出人类在运动中追求自由和力量的主题。其次，这座雕塑的设计风格也值得一提。韦伯是一位以使用霓虹灯和其他现代材料进行大型装置艺术创作而闻名的艺术家，他的作品通常以简洁的几何形状和明亮的色彩为特征。在《奔跑者》中，韦伯运用了他的设计语言，通过金属的光泽和几何形状的对比，表达了运动的活力和力量。最后，从主题上看，《奔跑者》展现了体育的核心价值：追求自由、挑战自我以及不断向前。它不仅是对运动员精神的赞美，也是对每一个追求目标、勇往直前的人的鼓励。

（2）体育摄影的鉴赏：体育摄影以瞬间捕捉运动员的精神面貌和比赛状态，将运动的瞬间永久定格。例如，美国摄影师尼尔·莱弗在拍摄穆罕默德·阿里对战乔治·福尔曼时，以强烈的对比和瞬间的决定性捕捉到了拳击比赛的激烈和紧张。在鉴赏体育摄影时，我们需要关注摄影的角度、光影和构图，同时也要感受摄影作品所传达的运动精神。

（3）体育电影的鉴赏：体育电影通过故事情节，生动展现了体育运动中的人性、激情和挑战。例如，电影《奇迹男孩》以棒球为主题，讲述了一名因车祸失去记忆的少年通过棒球找回生活的信心，这部电影以其深入人心的情感表达和对体育精神的展现，赢得了观众的喜爱。在鉴赏体育电影时，我们既要注意其艺术手法和情节设置，也要感受其所表达的体育精神。

总的来说，以体育为题材的体育艺术作品，既有其独特的艺术形式，也有其深入人心的主题。在鉴赏这类作品时，我们既要注意其形式和技巧，也要深入理解其所表达的体育精神，从而真正领略到体育艺术的魅力。

后记

在完成《体育艺术鉴赏》这部学术著作后，我深感体育艺术的魅力无穷，其广阔的研究领域和丰富的内涵为我们提供了深入研究和探索的空间。体育艺术将体育运动和艺术创作相结合，带给我们全新的审美体验，也使我们更深刻地理解了体育运动的精神内涵。

在第一章，深入探讨了体育艺术的概念、内涵、起源和发展，并对其与文化的关系进行了研究。这使我们理解到，体育艺术不仅仅是体育与艺术的结合，它还反映了一种文化现象，是人类社会文化发展的产物。

在第二章，对体育艺术的分类进行了深入研究，并对各类体育艺术的艺术特征进行了探讨。这种分类研究使我们更清晰地理解了各类体育艺术的特点和魅力，也为我们后续的研究提供了重要的理论基础。

在第三章，详细分析了体育艺术的特征和功能，进一步深化了对体育艺术本质的理解，为理论研究和实践活动提供了指导。

第四章，关注到了体育艺术与奥林匹克运动的关系，具体研究了奥林匹克运动中的美术、音乐艺术以及影视、建筑艺术。这些研究让我们看到了奥林匹克运动的艺术内涵和魅力，使我们对奥林匹克精神有了更深的理解。

在最后一章，重点探讨了体育艺术的创作与鉴赏。研究了体育作为艺术素材的创作方式，以及艺术作为体育元素的体育艺术创作。同时，我们还分析了体育艺术作品的内容、层次和鉴赏方法，进一步明确了体育艺术作品的意境与风格。

这部著作旨在通过对体育艺术的研究，为理解和鉴赏体育艺术提供新的视角和思考，为推动体育艺术的发展做出贡献。我坚信，随着社会的发展和人们审美需求的提高，体育艺术将会有更广阔的发展空间，为我们的生活带来更多的美感和乐趣。

参考文献

[1]陈春阳. 新媒体视阈下体育教学与提升艺术研究[M]. 北京：中国原子能出版社，2020.

[2]陈丽霞，胡效芳. 体育艺术类项目教程[M]. 西安：陕西师范大学出版社，2016.

[3]董久奎，钟冲. 大学生体育与健康[M]. 北京：机械工业出版社，2022.

[4]董焱. 健康. 舞蹈. 电视——中国健身舞蹈的电视传播[M]. 北京：人民体育出版社，2011.

[5]冯官秀，张乐宏，冯文杰. 新编大学体育[M]. 北京：中国人民公安大学出版社，2012.

[6]龚正伟. 休闲体育课程体系建设研究[M]. 上海：复旦大学出版社，2015.

[7]果梅. 体育舞蹈[M]. 南京：南京大学出版社，2021.

[8]黄玲，朱晓娜. 动感艺术健美操[M]. 北京：海洋出版社，2009.

[9]黄鑫，陈芳. 体育艺术类运动教程[M]. 长沙：湖南大学出版社，2021.

[10]姜桂萍，宋璐毅. 体育舞蹈艺术体操[M]. 桂林：广西师范大学出版社，2006.

[11]李一新. 论体育美[M]. 长沙：中南大学出版社，2007.

[12]李重申. 体育实践教程[M]. 北京：高等教育出版社，2002.

[13]路泽全. 大学生体育——健康体魄成就美好人生[M]. 苏州：苏州大学出版社，2021.

[14]马鸿韬. 健美操运动教程[M]. 北京：北京体育大学出版社，2007.

[15]马鸿韬. 体育艺术概论[M]. 北京：高等教育出版社，2011.

[16]欧建平. 舞蹈鉴赏学[M]. 南京：江苏教育出版社，2009.

[17]彭吉象. 艺术学概论[M]. 北京：北京大学出版社，2006.

[18]任波，李广国. 大学体育有效教学艺术[M]. 长春：吉林科学技术出版社，2020.

[19]邵超，李长江. 新编大学生体育与健康[M]. 北京：知识出版社，2020.

[20]孙鹏. 体艺学科课程群[M]. 上海：华东师范大学出版社，2019.

[21]田祖国. 大学体育教程[M]. 长沙：湖南大学出版社，2021.

[22]童邵岗. 健美操[M].桂林：广西师范大学出版社，2006.

[23]吴志强. 体育活动过程的审美阐释[M]. 北京：北京体育大学出版社，2007.

[24]伍曼丽. 舞蹈欣赏[M].台北：五南图书出版社，1999.

[25]叶加宝，苏连勇.体育概论[M].北京：北京体育大学出版社，2005.

[26]易丽清. 大学舞蹈教育教学思考[M]. 北京：中国书籍出版社，2022.

[27]于平. 风姿流韵——舞蹈文化与舞蹈审美[M].北京：中国人民大学出版社，1999.

[28]于亚南. 美学视阈下的大学体育与教学艺术[M]. 长春：吉林美术出版社，2020.

[29]张法，王旭晓. 美学原理[M]. 北京：中国人民大学出版社，2005.

[30]张瑞林，黄晓明. 健身健美[M]. 北京：高等教育出版社，2005.

[31]章华夏. 体育游戏训练艺术[M]. 北京：北京体育大学出版社，2021.

[32]郑焕然. 大学体育文化与运动教程[M]. 北京：北京理工大学出版社，2020.

[33]朱长喜，谭淑萍. 体育与审美[M].北京：人民体育出版社，1995.